追寻达·芬奇

〔法〕帕特里克·朱索　著
〔法〕詹姆斯·普吕尼耶　绘
石伟强　译

人民文学出版社
PEOPLE'S LITERATURE PUBLISHING HOUSE

著作权合同登记：图字 01-2022-3711 号

Sur les traces de Léonard de Vinci
©Éditions Gallimard Jeunesse-Musée du Louvre, 2009
text by Patrick Jusseaux
illustration by Jame's Prunier

图书在版编目（CIP）数据

追寻达·芬奇的足迹 /（法）帕特里克·朱索著；（法）詹姆斯·普吕尼耶绘；石伟强译. —北京：人民文学出版社，2017（2023.1 重印）
（历史的足迹）
ISBN 978-7-02-012615-6

Ⅰ.①追… Ⅱ.①帕…②詹…③石… Ⅲ.①达·芬奇（Leonardo, da Vinci 1452-1519）- 传记 - 儿童读物 Ⅳ.① K835.465.72-49

中国版本图书馆 CIP 数据核字（2017）第 068821 号

| 责任编辑 | 甘 慧 王皎娇 |
| 书籍装帧 | 高静芳 |

出版发行	人民文学出版社
社　　址	北京市朝内大街 166 号
邮政编码	100705
印　　制	上海盛通时代印刷有限公司
经　　销	全国新华书店等
字　　数	61 千字
开　　本	889 毫米 ×1194 毫米　1/32
印　　张	4
版　　次	2017 年 10 月北京第 1 版
印　　次	2023 年 1 月第 5 次印刷
书　　号	978-7-02-012615-6
定　　价	49.00 元

如有印装质量问题，请与本社图书销售中心调换。电话：010-65233595

追寻达·芬奇的足迹

致安娜－夏娃及玛丽斯

目　录

佛罗伦萨学徒　　　　　9

不安分的年轻人　　　　21

失落的那些年　　　　　33

去往米兰的路上　　　　45

固执的艺术家　　　　　57

未完成的雄心壮志　　　69

战争期间　　　　　　　81

对手　　　　　　　　　93

艰苦的命运　　　　　　103

为时已晚　　　　　　　113

达·芬奇之谜　　　　　124

图片来源　　　　　　　126

大西洋

法兰德斯
巴黎
枫丹白露
卢瓦尔河
塞纳河
布卢瓦
昂布瓦斯
香波堡

法国
里昂
罗纳河
阿维尼翁
马赛

加龙河

图卢兹

巴塞罗那

特拉河
马德里

西班牙

埃布罗河

瓦朗斯

地中海

瓜达尔基维尔河
塞维利亚

达·芬奇的一生

达·芬奇这一生的大多数时间都生活在佛罗伦萨、米兰和罗马。他在晚年受法国国王佛朗索瓦一世的邀请搬到昂布瓦斯附近居住,直到去世。

神圣罗马帝国

波兰

匈牙利

米兰

威尼斯

曼托瓦

波河

比萨

伊莫拉

佛罗伦萨

阿雷佐

佩萨罗

亚得里亚海

罗马

那不勒斯

西西里岛

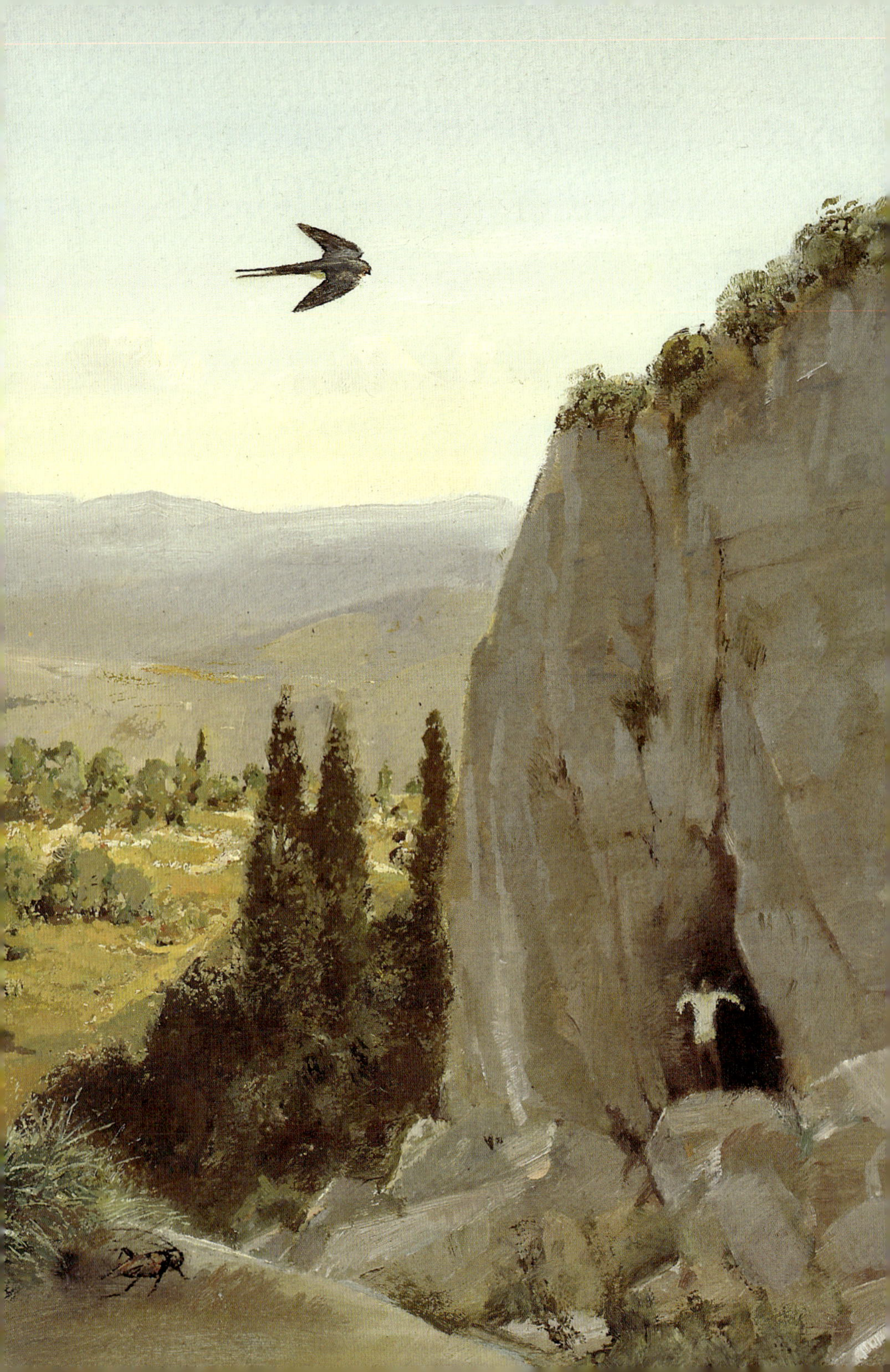

佛罗伦萨学徒

"这孩子真让我上火,达·芬奇……达·芬奇……你这淘气鬼去哪儿了?"

仆人的叫喊声在这炎热的午日中不断回响着。由于她一直盯着地平线的方向,眼睛被光线刺得有些不适,差点晕厥过去,于是赶紧跑回公证员瑟皮耶罗·达·芬奇先生的大房子中凉快一下。瑟皮耶罗就是达·芬奇的父亲。

"您的儿子把我耍得团团转,瑟皮耶罗先生。我都不知道该怎么办了,他也不听我的话,不按时吃饭,也不经常洗澡,整天在村子里闲逛。我到底做了什么错事竟要受到如此对待?"

"就由他去吧,玛格丽特!他都八岁了,这样在村子里瞎跑跑,抓抓蟋蟀也是正常的。他饿了的时候就会回来了,如果他饿了的话……"

"可是,不做弥撒了么?"

"做弥撒?我宁愿看他在小路上乱跑,钻进山洞,爬到树上，看看不同形状的石头和器皿，也不想把他送去听那些无聊的神父机械地背诵祷文，而他自己可能一个词都不懂！"

"我的上帝啊！您和您的孩子一样疯掉了。这样会把他变成一个**异教徒**的！"

"算了吧，别对我发牢骚了，他只是对一切事物都好奇而已，他很活泼，很聪明，这样就很好。"

"也许吧，但是靠活泼和聪明可养活不了他。"

"他自己会解决好的。总之，玛格丽特，你跟我一样清楚，这孩子不是婚姻内的结晶，所以他没有机会进入大学学习，也不可能在医院或者公证处这样的地方做**公职**的。哎！这就是**私生子**的命运。"

异教徒：持与宗教不同观点的人。
公职：承担公共责任或义务。
私生子：生于婚姻之外的孩子。

"那让他去当士兵吧。"

"还是饶了他吧！我倒是有点想法。因为他花了很多时间去塑模型和画画，我就想着从现在起算上个三四年后，把他送去佛罗伦萨的画画师傅那里当学徒。我要是搬到这座城市定居，也好远远地监护着他。"

"那到时候呢？拉丁文，希腊文，还有信仰的真理呢？"

"其他的就不要去烦他了。他会识字会算数就够了。就由他去山洞里和器皿作坊里闲逛吧。如果以后需要学拉丁文了，还总是有时间去学习的。像他这么机灵，都可以学鸟飞了！"

瑟皮耶罗就是这样为他极具天赋的私生子掌舵人生方向的。四年后，达·芬奇快十三岁了，他被父亲带到佛罗伦萨与父亲的新妻子一同生活。他就住在离**领主宫**两步远的一间大套房里。可是达·芬奇却没有享受这舒适的房子多久，因为他父亲着急带他去见城里一位最有名的艺术家，安德烈·德尔·韦罗基奥。

瑟皮耶罗先生正好负责韦罗基奥与其他商人的一个**行会**账户的合同文件，自然，韦罗基奥就邀请他到家中商谈正事。不仅仅是谈正事，偶尔他们也谈谈这个小男孩的未来。韦罗基奥觉得达·芬奇既帅气又聪明，还很高雅，一定是个好苗子。

韦罗基奥三十多岁，看上去很严厉，身体结实，精力充沛，平时工作量很大，不是一个会开玩笑的人。他

领主宫：又名维琪奥王宫，建于1298至1314年，处于佛罗伦萨市中心。

行会：同行业的人组成的团体。

佛罗伦萨学徒 | 11

也是一个很全能的艺术家：雕塑家、画家、金银匠，他也懂一些音乐，会定期在家中和乐器家、歌唱家朋友们组织一些音乐晚会。

人们都说他很有钱可是他自己总是哭穷。当他看到达·芬奇的画时，确实震惊了一下：

"我要承认这些画确实令我惊讶了一番，我从来没在一个像他这样年少的男孩子身上看到过如此的天赋与观察力。这太不可思议了，说真的，他会成功的，终有一天他的成就会超越我们。"

"安德烈大师，他可是花了很多时间去画画呢，简直像着了魔！要是他在画画的时候被打断还不如叫他去死呢！他的女仆怕汤凉了，好多次叫他去吃饭，可他就是不听。但是我知道这孩子可是有天赋的。韦罗基奥先生,您要是看到他为陶器商们作的画一定会为他惊奇的!"

"有天赋……这个词还是不够强烈,瑟皮耶罗先生,应该说您的儿子就是一个天才!"

"可能吧,但是您要信我,这小子也很不听话,像骡子一样倔,他就按照自己的想法做事情,我真是怕没人能改得了他的犟脾气。你看,就这几个月以来,他开始从右向左写字了,鬼才知道为什么!"

韦罗基奥没有说话,他翻了翻这些草图,然后突然像是从梦中惊醒一般地说:

"瑟皮耶罗先生,我想跟您说的是,就把他放心交给我吧,我会照顾好他的。达·芬奇已经学得很好了,我可以教他一些其他的东西,他会学得很快的!"

"您能这样说我真的太高兴了,这也是我的荣幸。但是我们也需要冷静下来思考一下,对吧,达·芬奇?"

韦罗基奥先生很聪明,也有点虚伪!就这样,一个星期过后的阳光明媚的一天里,达·芬奇一路上蹦蹦跳跳,边走边画,东张西望。

终于到了处于市郊的圣安博教区,来到了佛罗伦萨最负盛名的几家画室中的一间,这算是一个很好的开始

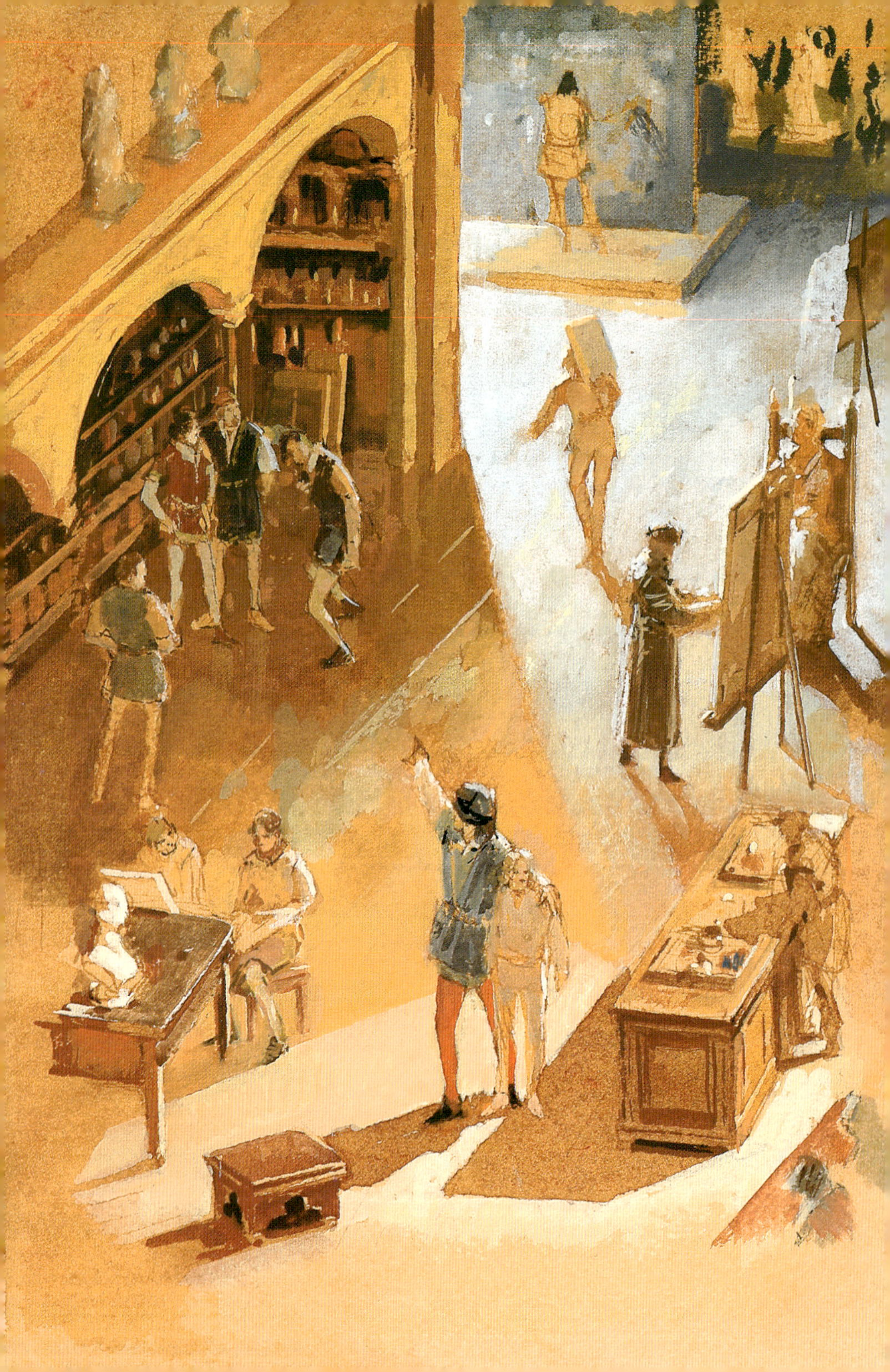

吧！他到了工作坊以后，韦罗基奥热情地拍了拍他的肩膀，为他讲述接下来要做的事情：

"接下来做的事情可能会和我同你父亲讲的有些不同，你要从一些最简单最无聊的事情开始做起，新学徒还有年轻人一般都是这样的。当然我不会叫你去做一些类似于打扫工作坊，清洗画具，买东西之类的事情，那些事情都有专门的伙计在做。从明天起，你就直接与我一起工作。我会叫你去画一些类似于你之前在陶制品上面画过的装饰画，也会画一些背景画，因为我知道你喜欢自然风景。你也要学习塑造模型，装饰等等。总之，你要抓紧时间，马上就要做很多东西呢！"

达·芬奇在工作坊里面一间一间地参观，马上就被这新的艺术世界深深吸引了。可是他也会因为一些不适当的举动受到其他学徒的斥责，并且大家也经常**戏谑**这位操着乡下口音的男孩子，总是拿他开玩笑：

戏谑：开玩笑，嘲笑。

"嘿，纳尼，你看到爸爸的小宝贝了么？好像是个女孩子！"

"肯定是女孩子，你看他这么温柔！"

"你们说他学羊叫的时候也带着乡下口音么？"

"想知道的话就去捏一下他的乳房好了！"

韦罗基奥看着这些学徒，对这些放肆的学徒毫不留情地惩罚。

"赶紧去工作，你们这些不学无术的家伙，小心我踢你！你们脑子里都记住了，达·芬奇是我的徒弟，我不允许任何人对他无礼。"他又转向达·芬奇："虽然他们没有礼貌，也没什么学问，可都是很优秀的学徒，要不然我也不会留他们这么久的。你很快就会发现其实他们都很天真，这一点我是一直看在眼里的。另外不要忘记一点，你的生活应该平静且规矩，就像你学习神学一样。你和其他学徒一样住在我这里，我给你留一个单独的房间，但是你不能喝酒，去酒吧交一些狐朋狗友，和一些不学无术的学徒大吃大喝到酩酊大醉，半夜再跟跟跄跄地回来。每天早上你都要保持清醒，随时待命，否则，我可是会痛打你的，这一点你父亲已经同意了。关于吃饭的事情，因为我也没什么钱，你就吃一些伊莎贝尔准备的意大利面吧，喝点本地产的葡萄酒，当然喝水更好。"

时间一点点过去，达·芬奇就这样开始了他的新生涯。

几年的时间过去得很快，这间工作坊也接了各种各样的活。韦罗基奥每天都会交给达·芬奇一点事情去做，教他祖传的东西。有一些技术还真的很难学到呢。

"把人类的粪便烧焦，放在阴凉处用小火烘干就可以得到盐分。其他牲畜的粪便用此方法也都可以得到盐分，这些盐在蒸馏过后就会变得特别有腐蚀性。而粪便又不要钱且取之不尽！所以尽管我没钱，生活也还过得去。"

韦罗基奥就是这样的人，能花一大笔钱买一块精致的大理石作雕刻之用，也可以为了一颗白菜砍价一个小时……

佛罗伦萨在十五世纪的时候是欧洲历史文明发生重大变化的摇篮：工作坊的负责人不仅仅是一个手工艺家，他们往往被当作是一种世界性文化的缔造者。

韦罗基奥（Verrochio）

这幅安德烈·德尔·韦罗基奥（1435-1488）的肖像是由洛伦佐·迪·克雷迪于1485年完成的。画面中的韦罗基奥看上去既成熟又严肃，而且他还十分富有。瓦萨里称韦罗基奥是个从不感到疲倦的人，他总是在忙于创作，好像不想让自己"生锈"一样。

首饰盒（用来装婚礼饰品的盒子）

手工制品

这些意大利的艺术家不仅懂绘画，还会做一些家具、首饰、服装和工艺品。

绘画技巧

达·芬奇在绘画中会运用很多常见的技巧，他用银尖笔在各种深色背景上进行绘画的方法尤为常见，比如在墨绿色、茶褐色、橙色和蓝色的背景上作画。

达·芬奇的风景画

这幅画上面所标注的署名及日期是反过来写的："于圣马利亚之雪日，1473年8月5日。"画中风景是一片秋色，这种风景类的主题在当时还很新颖。达·芬奇在画中体现了光线可以产生柔和的效果。

颜料

> "时间一点点过去，达·芬奇就这样开始了他的新生涯。"

达·芬奇素描衣服的褶皱

文艺复兴时期的艺术家们

十四世纪到十五世纪，艺术家们的社会地位发生了翻天覆地的变化。比如原来的银器工匠自那时起都被认作为是手工艺家，而画家这一身份也越来越被人认为有"知识分子"的意味。这种文化及生活方式的变化都为他们赢得了很高的社会地位。

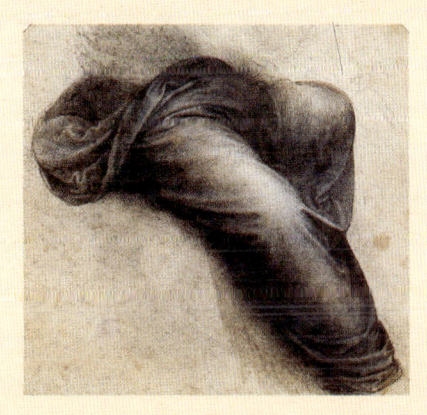

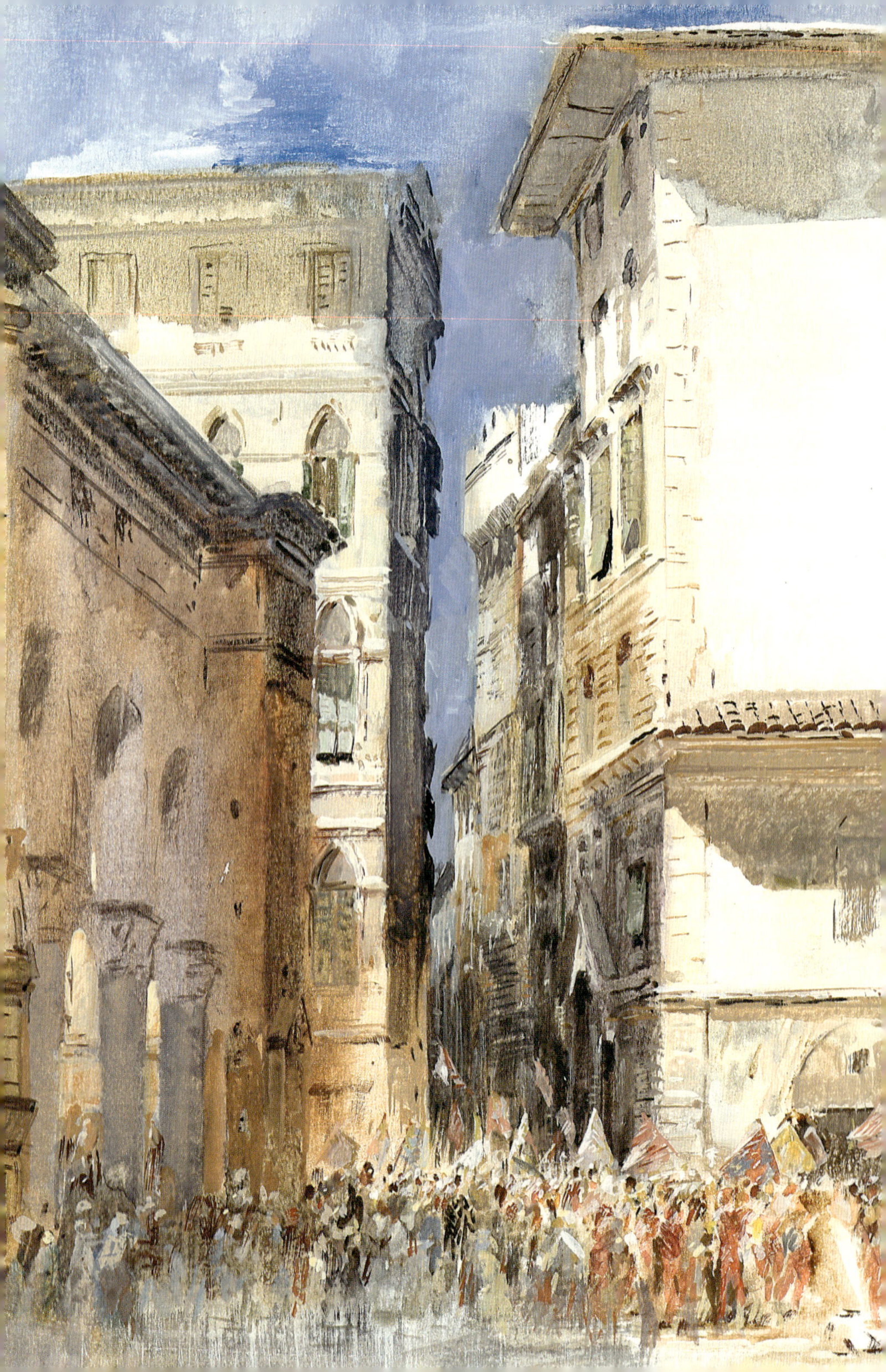

不安分的年轻人

十九岁的达·芬奇已经把韦罗基奥工作坊当成了他真正的家,他也不再经常去看望父亲了。有时候他会回到自己出生的地方——芬奇城,看看他的母亲卡泰丽娜,她就是瑟皮耶罗先生在年轻时候的**婚外情**人。

工作坊的兄弟们都很喜欢达·芬奇。**波提切利**就是工作坊里比较年长的一位,在达·芬奇刚来的时候波提切利就已经完成了学徒生涯了;**洛伦佐·迪·克雷迪**来了有12年了;**佩鲁吉诺**刚来工作坊;还有弗朗西斯科·迪·西莫内……

这些工作坊的学徒们个个都天赋异禀,大家都想要在众人面前大放光彩。尤其是在1471年3月份,有权势的米兰公爵**斯福尔扎**来到佛罗伦萨的时候,他们之间为了竞争而变得特别努力。

婚外情: 在婚姻关系之外的感情。

波提切利(Botticelli,1445-1510):佛罗伦萨画家。

洛伦佐·迪·克雷迪(Lorenzo di Credi,1456-1537):佛罗伦萨画家。

佩鲁吉诺(Perugino,约1445-1523):意大利佩鲁贾画家。

斯福尔扎(Galéas-Marie Sforza): 在1466年至1476年之间统治米兰。

这些年佛罗伦萨大大小小的节日特别多：有宗教节日，有婚礼，有生日宴会，还有外国王子来访。每一项盛事都要举办游行，狂欢，马上比武，赛马还有其他形式的活动。这么多的活动对于艺术家来说可是赚钱的大好机会，因为他们要做很多服饰、面具、装饰，以及一些机械装备。

韦罗基奥的工作坊可是没少赚钱：在众多的作坊里面，他们被选中要给美第奇宫里面的房间装修，这宫殿是**伟大的洛伦佐**想要用来迎接斯福尔扎的，这可是那一年初最有节日气氛的一件事情了。达·芬奇一刻不停地忙碌着，并且负责一些准备工作。韦罗基奥那时候正为一副《基督受洗图》忙得不可开交。他认为达·芬奇的品位、想法、机灵劲还有工作能力都极其出色，于是赋予了达·芬奇全部的信任。

伟大的洛伦佐：洛伦佐·德·麦第奇的别名。他在1469至1492年间统治佛罗伦萨。

达·芬奇完成了他的学徒生涯后已经成为了一个成熟的男人，他的美貌及优雅都让他成为了佛罗伦萨最出名的年轻人。尽管他现在花费很多时间在梳妆打扮上，而且总和他的朋友们一起玩音乐，但韦罗基奥也不太斥责他。达·芬奇对于**鲁特琴**这种时髦的乐器十分痴迷，他可以拿起琴即兴演奏，而且歌也唱得妙极了。

在工作坊里，他也变成了韦罗基奥一样的人，一点也不想着要自己独立生活。他作画，读书，与人交流，刻苦地学习。他经常说"爱学习的欲望总是好的"。他经常游走于各个不同的工作坊：在波拉约洛那里，他看人们在尸体上研究**解剖学**。而**乌切洛**这个老人那里就有些奇怪了，他是一个对未来很有预见性的人……

有时他也会去巴尔多维内蒂那里参观，巴尔多维内蒂总是会教给他一招：将鸡蛋黄和**树脂**搅和在一起再涂到完成好的油画上面就会使作品看上去更加有光泽。正是这一幅**佛拉芒派**油画燃起了达·芬奇的兴趣：芥菜子、**刺柏**、橄榄油……都是上等的作画材料。当然也没法说哪种材料更好一些，也无法得知用哪种方式作的画可以经得起时间的摧残。但是用**蛋彩画法**所作的画就不同，这是一种传统的画法，但是在达·芬奇的眼里，这种画法也很过时。

鲁特琴：一种弦乐器。
解剖学：研究人体器官的科学。
乌切洛（Uccello，1397-1475）：佛罗伦萨画家。
树脂：黏稠的胶状分泌物。
佛拉芒派：这里指比利时及荷兰流派的画作。
刺柏：一种黑色或紫色的水果，带有香味。
蛋彩画法：一种绘画技巧，在颜料中混入鸡蛋黄。

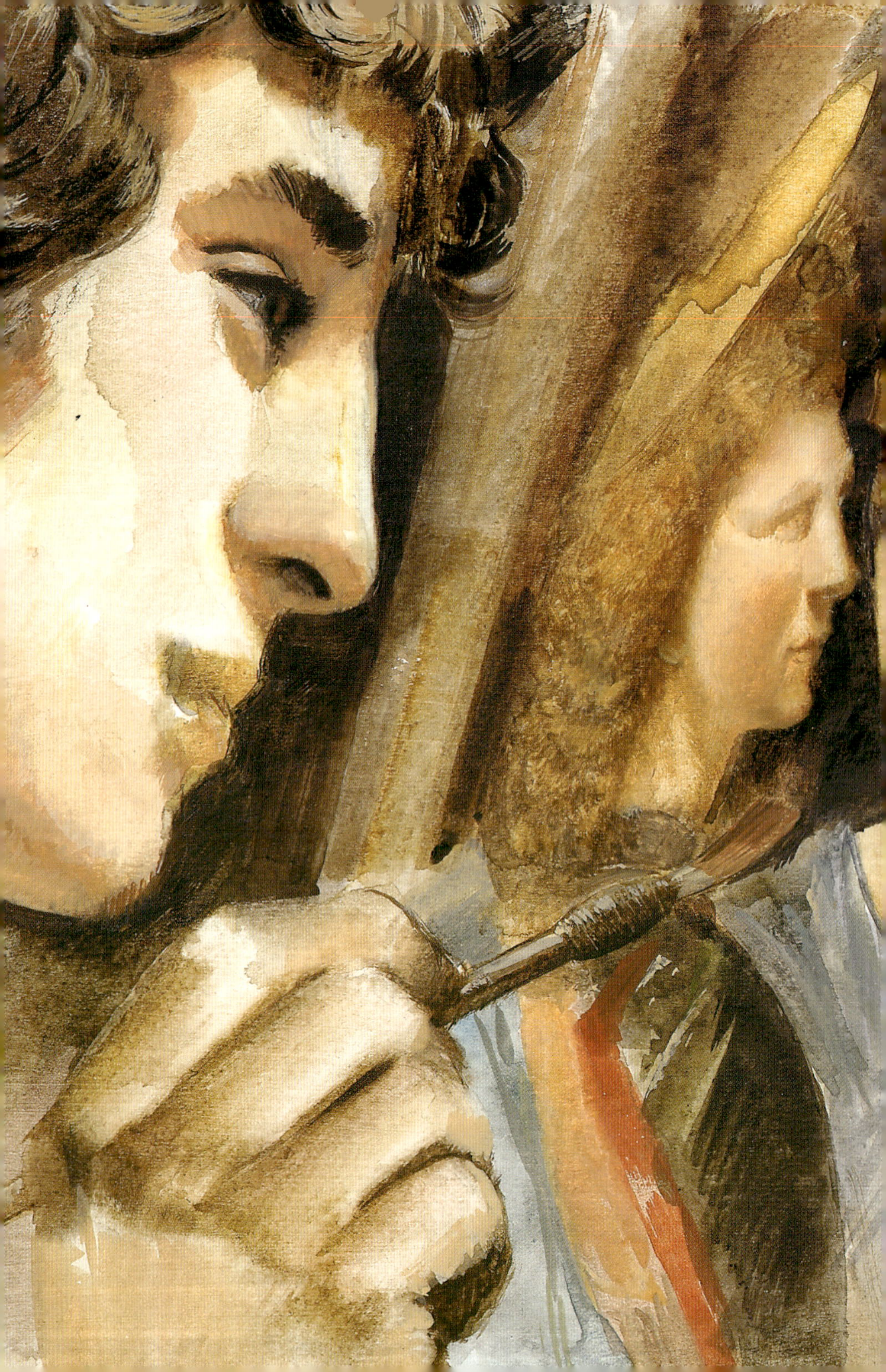

为迎接斯福尔扎到来的一切活动现在都结束了，可那些在佛罗伦萨的米兰人为这些活动所摆出的奢华排场可是没少影响达·芬奇。"没准儿哪天他们也会叫我帮他们做些什么呢……"有时他会这样想。

这期间，他帮韦罗基奥完成了已经画得差不多的《基督受洗图》。几个人同时画一幅作品这种事情太常见了：韦罗基奥负责画基督和右侧的天使，而达·芬奇则画左边的天使和整幅画的背景。在忙碌了几天后，两个人都很满意这幅作品。

"达·芬奇，你画的天使真的太传神了！所有佛罗伦萨的人，就连那些不懂画的人都跟我说想要看一看呢。今早有两个参观的人特别称赞了你的画风，说你的画甚至都看不出画笔的痕迹，还说你画的风景以及天使的表情都十分真实。我可要嫉妒你的才华了！"

达·芬奇不想冒犯韦罗基奥，因为韦罗基奥仍然是自己的师傅，也帮助了他许多，于是他就装作什么也没听见的样子。"我这种可怜的学生是永远也不会超过师父的！"他自己偷偷地想着。

"总之，你现在的手艺已经足够自立门户来享受这几年的努力所换来的成果了。我和你的父亲谈过了你与我合伙的事,他会负责合同的事情的。"

"你的合伙人?但是我……我不确定我可以胜任。责任重大,我有点退缩。

"你知道我是那种喜欢娱乐,喜欢节日的人……"

"我想说你可能想太多了。但是你也应该开始自立门户,不要再像个孩子一样。我可听说你和波提切利一起在我的友人那边做臭气弹呢!"

"和波提切利?"达·芬奇蛮横地说,"他整天忙着追求女人,以及躲着他们的男人呢!"

"无论怎样,他已经独立了,可你还没有。所以如果你同意的话,我会给你一些油画的订单叫你做。你也会有一些学徒,到时候你也是一个师傅了。这样你会帮我分担一些工作,这些订单有时让我没法专注于做我的雕塑和金银器皿。你觉得怎么样?"

"我真是太荣幸了,师傅,真的不知该如何感谢您才好。可是……我能冒昧地问一句……如果做这些是否可以多给我点钱?"

"你竟然**放肆**到提这个要求!"

"您知道的,马匹、漂亮衣服、乐

放肆: 肆无忌惮,蛮横无理。

器……都很贵，我买不起。我没跟您说其实我已经花了两**达克特**买了一把**抱琴**了。我还想买一个天文学用的**象限仪**，这样我就能测量太阳的高度了。

"我还要在乌切洛那里买一个**算盘**。

达克特 (Ducat)：古代金币。

抱琴 (Lira da braccio)：一种弦乐器。

象限仪 (Quadrant)：一种测量工具。

算盘 (Abaque)：一种计算工具。

我的日子过得这么清贫，有时候还得到处借钱。阿塔万堤借给我四达克特，可是现在全都花光了，又不能向我父亲借，他会打我的！"

"他当然要打你！你就像一个带孔的篮子，我的话你一点也听不进去，就知道花钱！你觉得我需要打扮得高雅帅气，穿着讲究吗？你看见我在佛罗伦萨做鬈发，穿紧身长裤、短款上衣，像个花花公子一样在街上走过吗？你见过我往身上喷香水吗？你为了那些衣服和这些放荡的行为会把整个工作坊都败光的！另外你也知道，我也没钱。"

这次韦罗基奥是真的生气了！最后也只能埋怨。

"这个阿塔万堤，"他继续说，"他本来用画**弥撒经本**赚来的钱可以生活得好好的，可最后竟然把钱借给你这个疯子？你应该跟佩鲁吉诺学学，他过得也很贫苦，但是他却知道哪怕最不值钱的**弗罗林**也是钱。你却在这里让我生气，你看看你，你……你……真该死！你父亲早就告诉我你的犟脾气了，的确如此！"

达·芬奇不吱声，他太了解韦罗基奥了，就只是等着他消气。可是他还在想：师傅怎么能把佩鲁吉诺拿来

弥撒经本 (Missel)：祈祷书。

弗罗林 (Florin)：古代佛罗伦萨金币。

当例子呢，这蠢货什么都不会，他不会画肖像，也不会做算数，风景画也画不好……他做的雕像看起来就像水滴似的，都一个样子，可以无限地复制下去。可是至少他的作品卖得又快又好！达·芬奇嫉妒了。

达·芬奇想着这件事情的时候在他的鲁特琴上弹出了一首**巴拉塔**，这才让韦罗基奥平静了下来。

"这件事我们以后再谈吧。我不能跟你说我有多么慷慨，因为我穷得像**约伯**一样。我很嫉妒你有那么多的才华，我会帮你将这些才华都保留住的。我可不希望肮脏的**波拉约洛**用一些金钱就把你吸引过去了！可是你也不能松懈，不要躺在床上盖着棉被贪睡，这样是成不了名的。你先把鲁特琴放在一边，我们先把帕奇的订单完成，钱全都给你。"

达·芬奇没等师傅说第二遍就马上拿起了画笔！

巴拉塔(Ballata)：14世纪中后期流行的一种音乐形式。

约伯(Job)：《圣经》中的人物，上帝忠实的仆人，十分贫穷。

波拉约洛(Antonio Pollaiulo，1431-1498)：意大利文艺复兴时期画家。

小商品批发业和银行业在十五世纪的佛罗伦萨十分盛行，在同一时期，艺术也开始繁荣昌盛起来。可以说多亏了美第奇家族，佛罗伦萨成了欧洲文艺复兴及人文主义的摇篮。

《圣母领报》，画于1478年，出自达·芬奇或洛伦佐·迪·克雷迪。

圣母百花大教堂

佛罗伦萨

佛罗伦萨城

圣母百花大教堂(Santa Maria del Fiole)是所有基督教国家中最宏伟的教堂之一。教堂的巨大穹顶由布鲁内莱斯基(Brunelleschi, 1377-1446)于1420至1436年所建，工程之浩大令当时的整个欧洲都为之震惊。那时的佛罗伦萨就变成了欧洲的艺术中心。

《圣母领报》
画中描绘了圣尊天使前来向圣母报喜说基督将要出生的场景，基督就是"上帝之子"。而圣母马利亚的表情却很震惊，因为她还是一位圣洁的处女。天使告诉她："这是上帝的心意。"

"达·芬奇既美貌又优雅，他是佛罗伦萨最出名的年轻人。"

洛伦佐·德·美第奇
（1449-1492）

洛伦佐·德·美第奇
本故事描绘了许多关于美第奇如同王子般大方的性格。"伟大的洛伦佐"出生在一个商人之家，与欧洲的高官贵族都是平起平坐的。

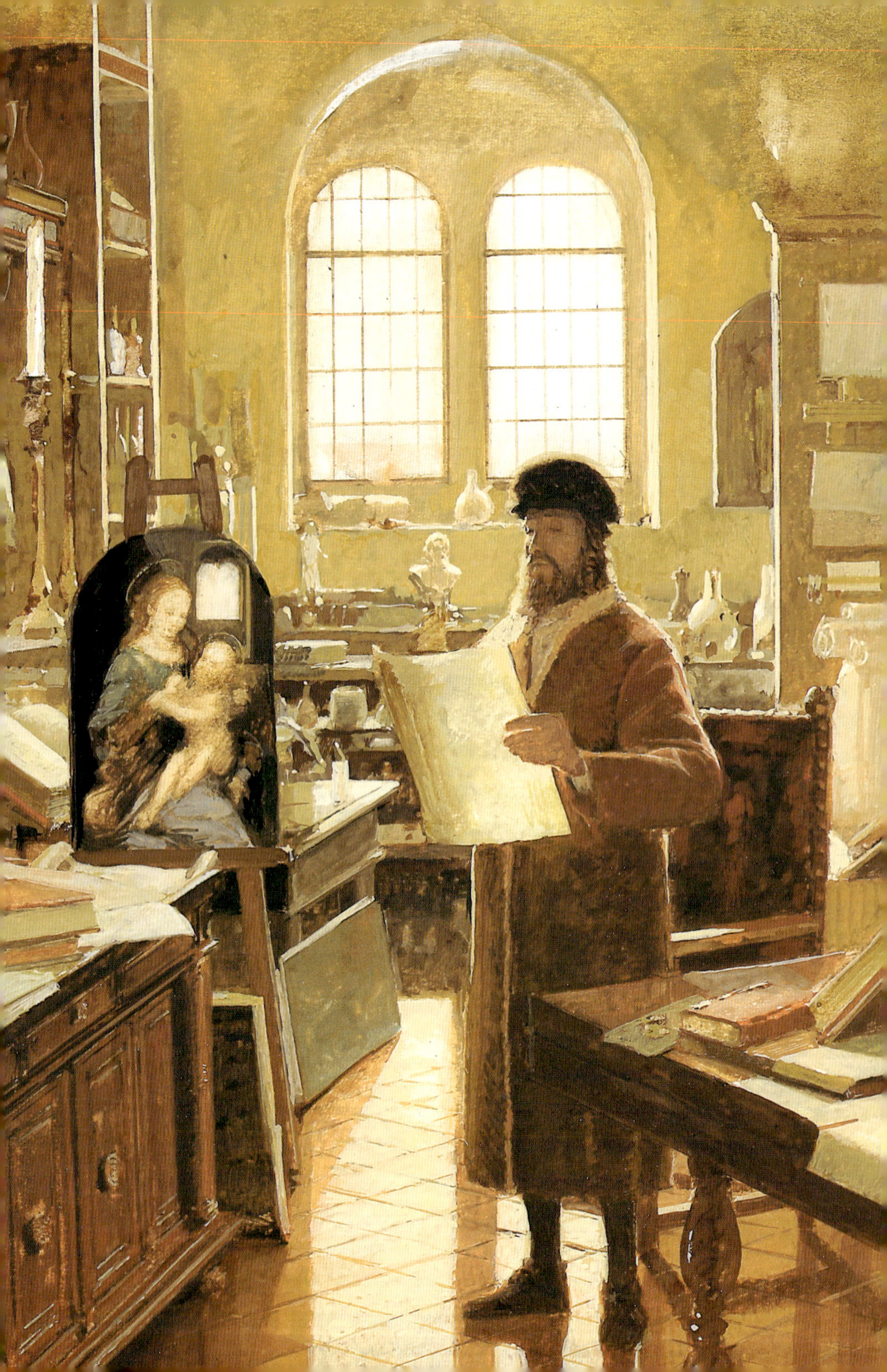

失落的那些年

1481年5月,达·芬奇二十九岁了。他离开了韦罗基奥的工作坊,准备展开翅膀大干一场。可是由于这种自由来得太突然,毫无头绪的他这些年来一事无成。他经常想:"没有什么比时间流逝得更快了。"洛伦佐·迪·克雷迪也完成了他的学徒生涯,可以帮助达·芬奇做一些事情,但是由于达·芬奇忙的事情太多根本无心作画。更糟糕的是:他现在做的事情都没法好好收尾。比如1478年的时候,维奇奥王宫的圣伯纳德教堂要立一块装饰屏,由于他父亲的原因,人们找到他来做,可是他做到一半就不做了,也没人知道为什么。就这样他落下了一个不靠谱、不稳当的名声。

他依然这样执拗,但也没闲着。

他继续画画,画人物肖像。他所作的《圣母与圣婴》这幅画受到广泛好评,名声都传到米兰王宫去了。他像疯了一样作画,学习很多东西,画了很多草图。他练习速写褶皱的衣服、胳膊的动作、建筑物、风景、云朵的

轮廓、昆虫、武器、桥……无所不画。另外他还广泛阅读，记了大量的笔记。

5月的一天早晨，阳光明媚，他坐在小广场里，腿上放着笔记本，开始画衣服上的褶皱。斯科皮特市——他的父亲就在这座城市里做公证员——圣多纳托修道院的僧侣叫达·芬奇作一幅《三博士来朝》。

这时候来了一个仆人想要到喷泉处取水，达·芬奇就停下画笔，静静地看着流动的泉水，在草图旁边写下："想象着水顺着不同的斜面流下，水流的形状都是不一

样的。"他正要到美第奇家族的图书馆去借一些关于这方面的书,这是意大利藏书最多的一家图书馆。他突然发现面前走过一个美丽的妇女袖子上有一个很有趣的褶皱,于是他又拿起画笔继续作画了。

过了一会儿,他又冒出来一个想法。他看着喷泉,想着是不是可以写一篇关于水流的文章出来,这样好像比他现在做的这些活儿有趣多了。他已经构思了几个计划:"想要写关于水的东西,应该先从例子谈起,再列举一些论证才行。"他已经想好接下来要写的作品的提纲了，他把自己想到的都记下来。第一篇：人体之水。第二篇：海水。第三篇：水源。第四篇：河流。依此类推。可是这部巨作是否能够完成可就是另一回事了！

达·芬奇这种想要一次性做很多事情、有头无尾的做事风格让严肃认真的韦罗基奥愤怒到了极点。他说达·芬奇有很多的时间，但他只去做那些新奇的事儿。可每当有人批评达·芬奇无所事事时他总会这样回复道："理智才需要规矩，想象力需要的就是杂乱无章！"

"别装作好像你工作很认真一样！"他的一个朋友从王宫里出来边笑边对他说道，还撕了他几页纸。

"别闹了，安德烈，正是因为我们的眼睛才能够发现这世界的美丽呢！"

"是的，亲爱的，但可能那些所谓的大师就是非要以一种很科学的方式来研究解剖学呢？不说了，你要不要一起尝尝西西里葡萄酒？不要待在自己的世界里了，都快发霉了。"

回旋曲： 将诗歌唱出来的一种音乐形式。

纪尧姆·迪费(Guillaume Dufay，1397-1474)：中世纪和文艺复兴过渡时期法国代表性作曲家。

"太好了！再买一些橄榄和火腿，去我朋友阿里桑德罗·卡普尼那里吃大餐吧。我们可以弹特鲁琴，请一些修女来为我们唱**回旋曲**。你记得**纪尧姆·迪费**么？

那天晚上伟大的洛伦佐唱的那支歌。"

于是这两个人挥舞起双手唱起了歌来：

"再见了，拉诺伊酒，再见了，女士们，再见了，绅士们，再见了……"

就这样，《三博士来朝》又被抛在了脑后……

日子就这样一周又一周，一个月又一个月，一年又一年地过去。

快入冬的时候，《三博士来朝》这幅画还是没什么进展。这幅画上画的是当时人们最敬重的几位人物，只有老天才知道这幅画是一次多么好的运气啊！但是达·芬奇只对那么几笔线条还比较满意，其他的部分他觉得都不够完美。他想画一幅真正完美的、和其他人都不一样的画。可烦心的是，他长时间来生活拮据，这使他没办法不拖延交画的时间。本来这样一幅巨作应该在30个月内完成的，可是工作量浩大使他根木无法完成。况且买颜料，买纸张的钱原本应该是由资助者来提供的，可是这次他却要自己支付。僧侣知道画一幅巨作很困难，于是也做出了一些让步，他们允许达·芬奇拖延一些交画的时间，并且提前付了部分定金，有时候他们还会拿实物来当钱作抵押，柴火、几斗小麦、葡萄酒……这也帮上了大忙！现在达·芬奇都快不作画了。可他不作画的真正原因却是因为在1481年的10月份，他刚被羞辱了一番。

那时整个意大利都相信洛伦佐有很高的品位。达·芬奇听说**西克斯图斯四世**想请伟大的洛伦佐找一些最好的艺术家来罗马为一座新教堂装饰，这个教堂就是后来的西斯廷礼拜堂。正好洛伦佐也想交西库斯托斯四世这个好朋友，于是就答应了下来。况且，罗马的建筑场地也算是那个时期最重要的地方了，这对于佛罗伦萨的艺术家来说可是个千载难逢的好机会。

西克斯图斯四世(Sixte IV, 1414-1484)：1471至1484年的教皇，他下令修建西斯廷礼拜堂。

洛伦佐在1481年10月请了波提切利、吉兰达约、佩鲁吉诺、皮耶罗·迪·科西莫到罗马去，可唯独没有邀请达·芬奇。洛伦佐明明很了解他，并且也很欣赏他的才华啊！这是为什么呢？没人知道原因。也许是洛伦佐不信任这位年轻而不踏实的画家吧？他也许不想冒险让这样一位经常将作品半途而废的艺术家毁掉一个如此

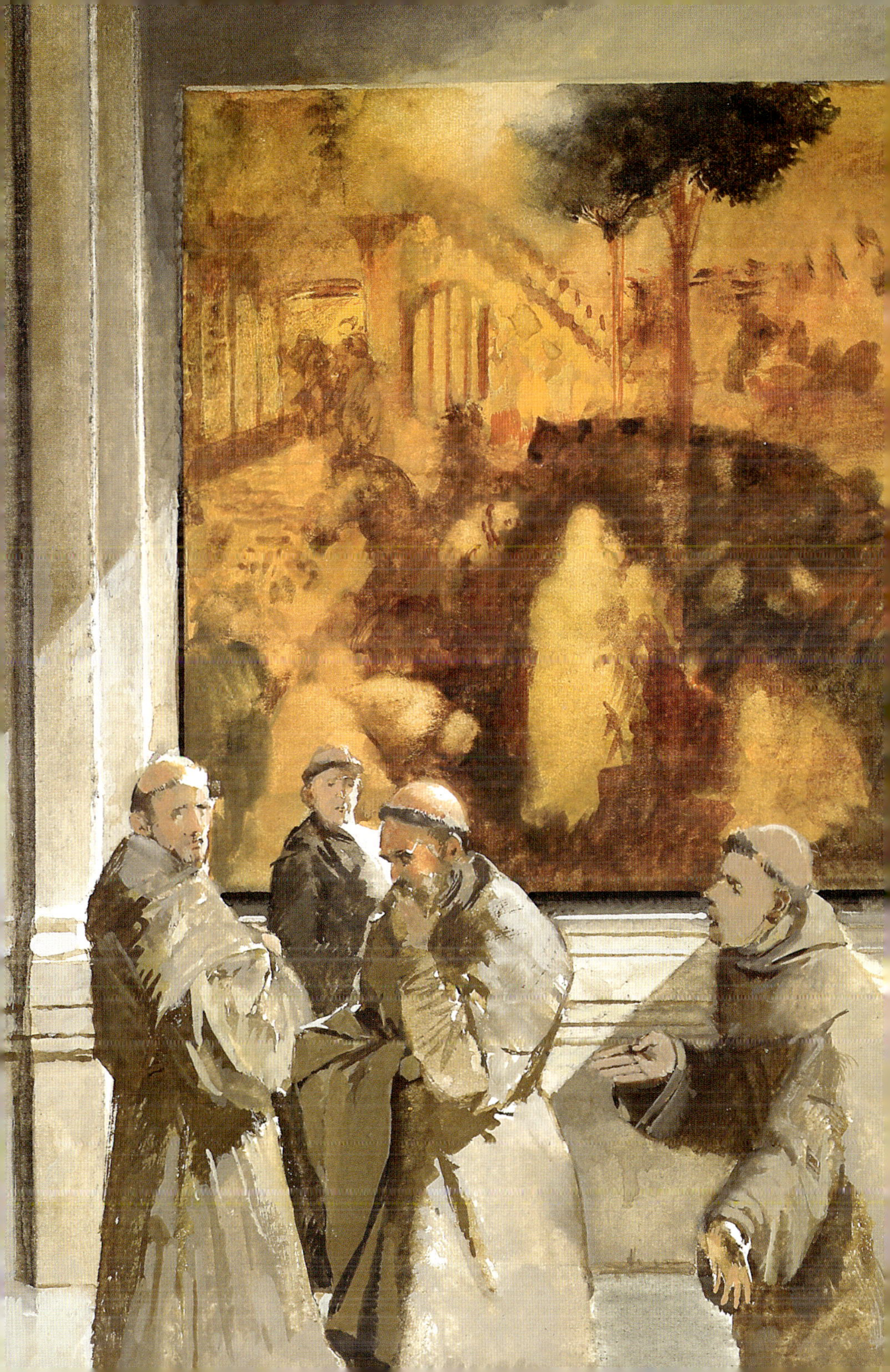

重要的教堂!

当他的伙伴们都去罗马做事的时候,达·芬奇只能靠做点小生意来维持生活。他已经完全厌恶这个地方想要离开了,而且也不想继续完成《三博士来朝》这幅画。整座城市都压得他喘不过气来。对他来说,别人的眼神都是一种羞辱,他感觉所有人都在嘲笑他,他一定要走。而且那时候米兰王宫密使想要他再雕刻一个关于骑士的雕像,他觉得不用再犹豫了。

僧侣对这幅画已经不抱什么希望了,他们正讨论着这幅没完成、但是依旧宏伟的巨作应该怎样处理才好。

"这年轻人真没用,"马泰奥说,"以后也做不了什么大事。"

"你这样说就不公平了,"最年长的僧侣彼得罗反驳道,"达·芬奇是**理想主义者**,他对艺术有很高的理解,有时候他是因为对一件事情的要求过高才导致不能够很好地完成的。"

理想主义者: 追求理想的人,有时候会不切实际。

"我说这些您可能要嘲笑我了,"另一个僧侣说,"但我觉得这幅《三博士来朝》说到底还是画得很棒。画面宏伟而神秘，要是再精雕细刻一点就会更震撼了。"

"你们真是疯了！"马泰奥喊道。

"我同意你的看法，"彼得罗说，"但是恐怕现在这幅画的价值还没显露出来呢……五十年后，五百年后，也许人们就会以另一种眼光来看这幅画了吧。到时候再看吧，为保险起见，我要把这幅半成品放在一边，不让别人动。至于接下来怎么办，我们再考虑。好，现在大家都各忙各的吧。马泰奥，你去把推车上的柴火卸下来。"

"把一幅没完成的画就这样放着算是什么馊主意啊！我们已经花了这么多钱了……"马泰奥低声抱怨着，"这些日子来，最终就得到了这个。"

《三博士来朝》对于达·芬奇来说是一次重新对此题材进行绘画的好机会，同时也是作为他学业结束的一个交代。从这幅画起，他的画风逐渐成熟了起来。

《三博士来朝》，1481-1482，达·芬奇

《三博士来朝》
达·芬奇十分注重光线的运用，尤其是在耶稣降生的时候画中人物所表现出的面部表情：紧张、惊讶、深思。到现在为止我们还没有完全挖掘出画中的秘密，比如背景中的战士们，他们是代表着耶稣还未降临的过去时代吗？

"我觉得这幅《三博士来朝》这样子就很好……"

《三博士来朝》，真蒂利（Gentile da Fabriano）

另外一幅《三博士来朝》

真蒂利版本的《三博士来朝》（1423年）可能也是由于达·芬奇才有了名气。这幅画在当时就显示出了十五世纪初佛罗伦萨的"国际"风格。东方三王都身着金衣，画面中人物密集，可三王却占据了很大空间。另外在那个年代，真蒂利也很勇于在画中运用缩画的手法来展现事物，比如画中的马匹。

绘画准备初期

达·芬奇最初以为这幅画将会是自己的代表作，于是他画了近百幅草图。他十分追求独特性：比如图画中的东方三王并不像人们心目中的那样衣着华贵，反而他们都是站在远处，对他人毕恭毕敬的年长者。

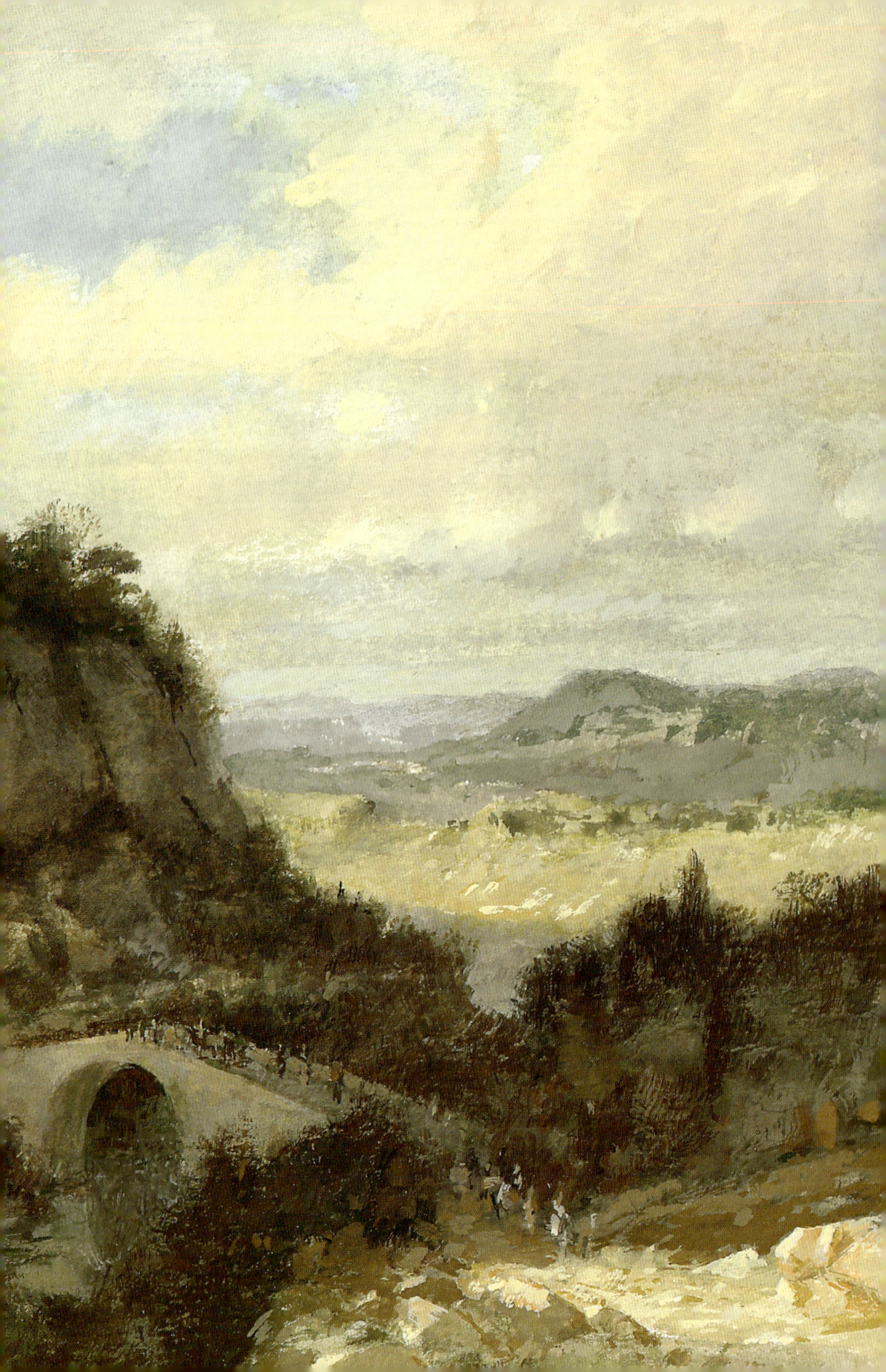

去往米兰的路上

1481年到1482年冬天,达·芬奇带上了几套画画用的模具、画板、乐器还有一些正在进行中的作品就踏上了去往米兰的征途。他真的是下了决心!而且在这寒冷的天气里,他就算想要折回去也来不及了,只能瑟瑟发抖地向北走,走到米兰去。

达·芬奇还有一个同行者,就是音乐家阿塔兰特·米格里奥罗蒂(Atalante Migliorotti,1466–1532)。他们走走停停,相互取暖。在客栈里,达·芬奇正在修改给米兰公爵卢多维科的信,公爵的绰号叫摩尔人(le More)。

"阿塔兰特你知道吗,我现在十分需要我父亲所说的一份'事业',而且是要有报酬的!在摩尔人那里,像你这样的音乐家是赚得最多的。还有那些军事工程师们,每当战争威胁到公国的时候他们都可以赚很多钱。

"所以要想赚钱,就要卖给别人他所需要的东西才行。你先听听我给他写的信:'尊敬的公爵大人,我有着发明战争武器的丰富经验,并且我也发现您现在所拥有的武器与平常人用的东西毫无差别。我决定在此向公爵大人您发表一些我的浅见，我建议将下面提到的这些东西全部换掉。

"'你要参加战争了？我可真不敢相信，你一直都是讨厌野蛮及暴力的。但是你怎么不做一些类似音乐家这样的职业呢？你唱歌很好，即兴创作也很棒，你还会作曲……也许**若斯坎·德·普雷**还会照顾你呢！

"'我急需要钱，而且要大量的钱，音乐能带给我的金钱远远不够！你接着听下一段：1. 我现在有一幅桥梁结构图，此桥结实且易搭建，在战争中既方便追打敌军也可用于我军从此桥撤离。另外我还知道怎样烧掉或者摧毁敌方的桥梁。2. 我知道在被困入埋伏的情形中应当怎样排干沟壑中的水，并且知道怎样用**打桩机**搭桥，做梯子，还有其他这类的工具。3. 我还知道如何摧毁一座不是建在岩石上面的城堡。'"

若斯坎·德·普雷(Josquin des prés, 1450-1521)：法国作曲家，长期居住在意大利。

打桩机：一种战争工具，可以冲破敌人防线。

"但是你从没跟我说过你会做这些事情！"

"我没说是因为要是将我做的事情都细细数来，恐怕一年都要过去了。"

"你没撒谎吧,你说的都是真的?"

"你看,阿塔兰特,我不知道明早起来我是不是能开始做这些事情,但是我需要的是人们能让我专注地做某一件事,直到用尽最后一点力气,这就够了。而且我会成功的,你放心吧。只是需要一点时间罢了。不管怎么说,我会创造出奇迹的!你再听下面的,然后告诉我你的想法:'我还有**迫击炮**的模型,方便随军携带,这样就可以向敌军投碎石子了,像下雨一样……'"

迫击炮:发射火球的武器。

"比起参战,我还是去唱歌吧!尤其是身处战争前线的时候那得多可怕啊!"

"你的手太细嫩了，不适合拿武器！我继续说：'我知道如何找到曲折隐秘的小路到达指定地点，不声不响地挖地道，也知道如何穿越沟渠和河流。'你看，这样说就比较容易理解了，因为这些都是我已经思考过的问题。"

"我在想站在我旁边的到底是一个画家还是一个魔鬼！"

炮兵：这里指使用大炮和发射火球的士兵们。

步兵：军队中行走作战的士兵。

"我会造结实而隐秘的推车，**炮兵**推着它可以打入敌军内部，摧毁他们最强大的部队。**步兵**紧随其后，不会有任何阻碍和危险。"

"等一下，达·芬奇，你为什么不和伟大的洛伦佐讲这些事情呢？这些应该和我们的佛罗伦萨同胞讲才是啊！"

"别和我提这些人了！在米兰，人们可能还会让我做一些绘画之外的事情。看看在佛罗伦萨，画了这么多年的画，可结果呢？"

"别想着西斯廷礼拜堂的事情了。不管怎么说，罗马就像个大垃圾场，你的那些朋友会在狂热气氛中像扎了孔的皮包一样慢慢泄下气来的！"

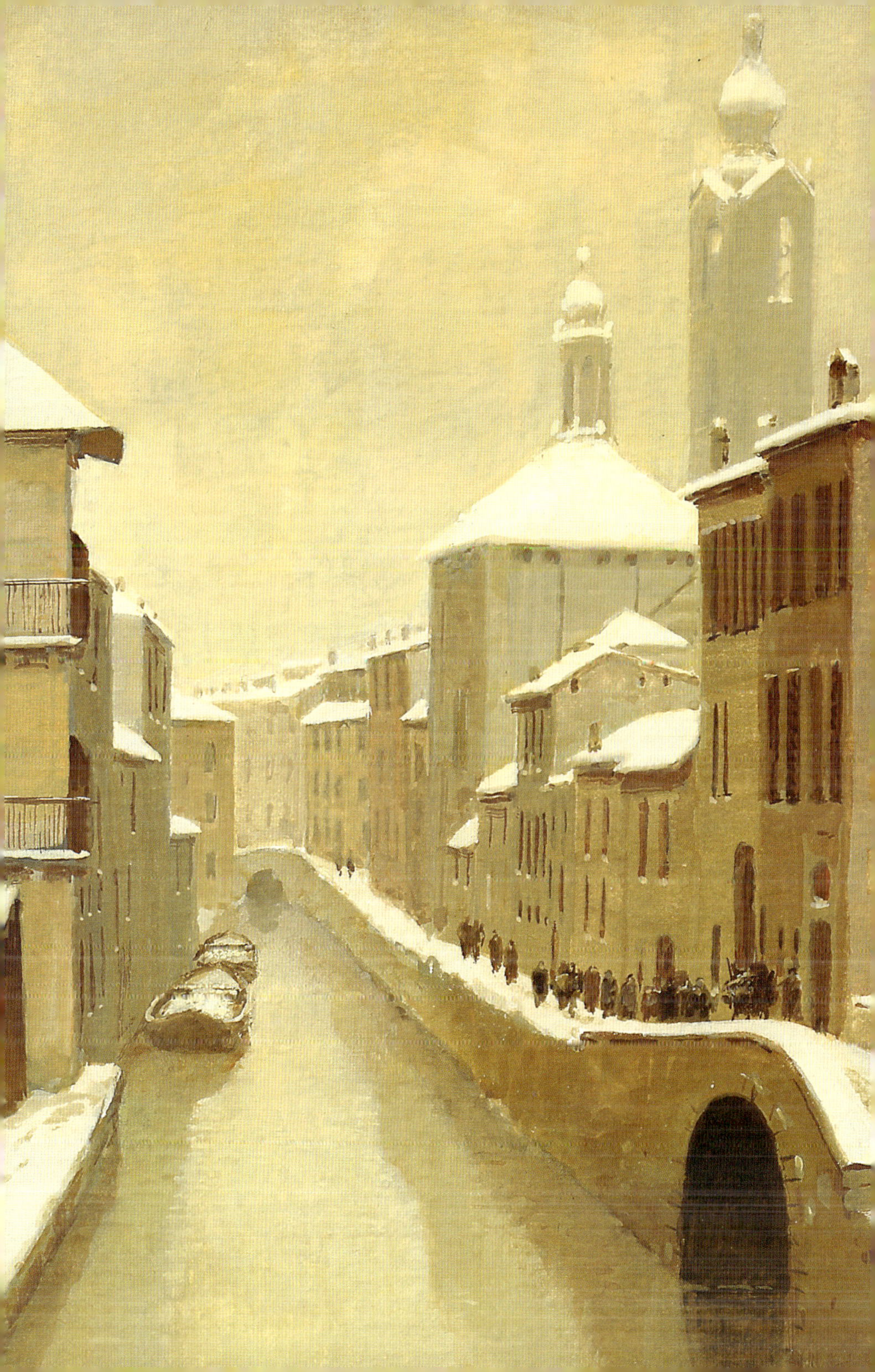

"你说得有道理，看谁笑到最后！好了，我快念完了。'要是有必要，我还会做**射石炮**。'怎么写'射石炮'这个词来着？'我做的迫击炮和引擎外形美观，而且十分实用，和现在用的这些武器都不一样。'好了，我可能还要再加几句话但是留着明天再写吧。我很累了，想睡觉。今晚一定会冻得发抖，还到处都是跳蚤，要是有个壁炉就好了！"

"这种烧柴火的炉子发出的吱吱声可比人们喋喋不休的声音好听多了。他们都自称是天才的艺术家、雕刻家、建筑家。说到底，尊敬的军事工程师，你那里没有除跳蚤的武器吗？"

第二天，两个人骑着骡子上路了。路上他们碰到了一队由僧侣、商人还有学生组成的旅行队伍。这时阿塔兰特还在想着达·芬奇的那封信：

"达·芬奇，我觉得你还是应该在信中提一点关于艺术的事情。米兰人不是一直想要建一座铜像吗？"

"我会写上几句话的，但是在艺术这点上我不会多说。天哪，这国家真冷！"

"要不我们到**土耳其**去？至少那边

射石炮：可以发射石头的武器。

土耳其：指旧土耳其地区的苏丹。

有阳光……"

"我还真想过去土耳其,要是没有更好的选择的话……"

在行走了三百多公里之后,两人终于到了米兰。米兰是一座建在平原上的城市,广袤无边,尽管那里气候十分潮湿,生活环境也不健康,但达·芬奇还是一下子就喜欢上了那里。也许是因为笼罩着整座城市的雾气让米兰看起来更神秘的缘故吧……

对达·芬奇来说,米兰是一座充斥着各种可能性的新城市,他对这里既熟悉又陌生。整座城市都还保留着**中世纪**的风格,路面曲折蜿蜒,城内也有好多条杂乱无章的运河,总之与佛罗伦萨很不一样。米兰有宽敞的大道,现代化的宫殿,还有巨大的广场。可以这么说,佛罗伦萨的建筑多用**赭石**,棕黄色显得十分热情与优雅,一些新的建筑会使用洁净的纯白色。而米兰的色调却十分灰暗和阴沉。但尽管这样,米兰作为**伦巴第地区**的首都,依然是欧洲人口数量居多的众多大城市之一。

中世纪: 公元后五世纪至十五世纪。

赭石: 一种棕黄色或者橘黄色的石头。

伦巴第地区: 意大利北部地区名。

到达米兰的几天后，达·芬奇就见到了极具威严的米兰公爵，两个人都为对方留下了深刻的印象。公爵是一个很强势的人，他很有智慧，为人也很讲究。他十分喜欢艺术，对于一些有天赋的艺术家会以礼相待。阿塔兰特马上就被召入公爵礼拜廷的合唱团唱若斯坎·德·普雷谱写的**经文歌**了。达·芬奇为了讨好这位摩尔人，就赠送了他一个自己制造的乐器，一把马头形状的抱琴，公爵弹了几下，朝臣们纷纷为他鼓掌。

　　尽管达·芬奇之前由于惹恼了一些顾客留下了极为不好的名声，可他马上就在这里赢得了尊重：米兰公爵叫他马上作一幅画——《降生》，达·芬奇满腹热情，几个星期就完成了。卢多维科就把这幅作品当作礼物送给了**日耳曼**帝王。

经文歌： 在教堂由多人合唱的歌曲。
日耳曼： 日耳曼民族，在现在的德国地区。

　　如果达·芬奇想继续住在米兰的话，他就需要找一间工作坊才行。那时他在米兰的一个业余学习艺术的朋友介绍给他普雷迪斯一家人，这家人是他朋友的合伙人。更好的是：普雷迪斯一家也同意与他们两个人合作开一间工作室，并且让达·芬奇做负责人。这一家人很聪明，他们觉得有了达·芬奇，工作室就不会垮下去，而且他们也会学到很多东西，没准儿他们会成为意大利北部最有名的画家呢！

达·芬奇现在也有很多的订单及合伙人。在这巨大的城市中他高兴地游走在街头小巷，平常身边还有很多朋友一起去参加宫廷节日。他又重新振作起来了。

在斯福尔扎家族的统治下，米兰呈现出了一派繁荣的景象。纺织业，银行业还有武器行业都十分昌盛。伦巴第地区生产的农作物足以养活十万人口。

工程师达·芬奇
达·芬奇为摩尔人发明了不少战争武器，但是没有一件被他采用。除此之外，有相关记录表示达·芬奇还研究了完美的人体比例。

卢多维科·斯福尔扎
他的绰号是"摩尔人"(le More)，桑树是他的象征，代表着灵巧及纤细。他统治米兰直到1499年。

卢多维科·斯福尔扎，又称"摩尔人"（1452–1508）

> "对达·芬奇来说，米兰是一座充斥着各种可能性的新城市，他对这里既熟悉又陌生。"

米兰城堡
米兰城堡（斯福尔扎城堡）完全体现了他的骄傲自大。这座城堡是意大利最金碧辉煌的皇宫之一。

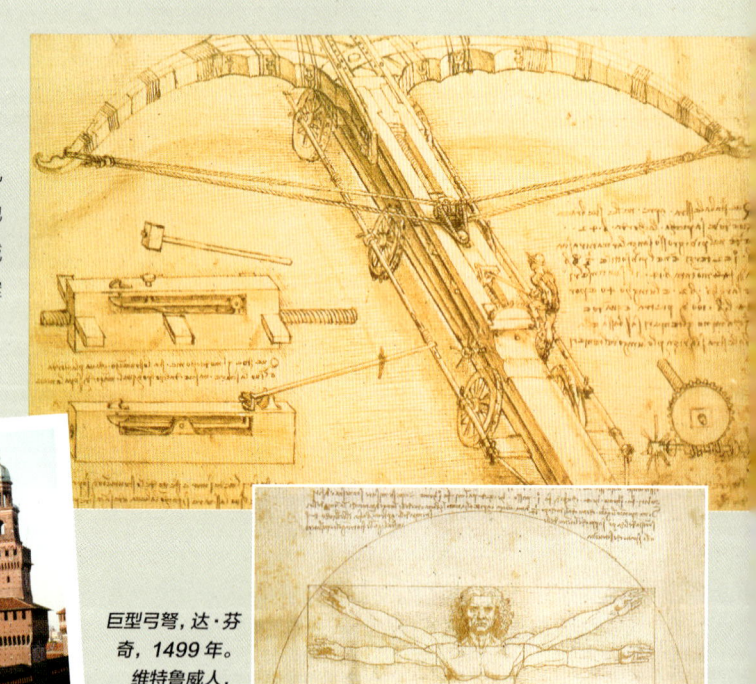

斯福尔扎城堡

巨型弓弩，达·芬奇，1499年。
维特鲁威人，达·芬奇，1492年。

《岩间圣母》，1483-1486，达·芬奇

《抱银鼠的女子》，1489-1490，达·芬奇

《抱银鼠的女子》
达·芬奇可能是为了赢取摩尔人的信任才为他的情妇画肖像画的。画中抱银鼠的女人是塞西尔·加莱拉尼，银鼠是摩尔人的象征。可是这幅画曾经经过部分修改，画中的黑色背景、头部、手臂和肩部外圈轮廓线条加粗，左手被擦拭掉一部分。

《岩间圣母》
为了躲避大希律王的屠杀，圣母马利亚、约瑟夫还有刚出生的基督逃到了荒漠里。根据基督教义上的说法，他们会遇见被乌列天使保护着的圣婴约翰。这幅画背景幽深，只有人物上的光线比较明亮。

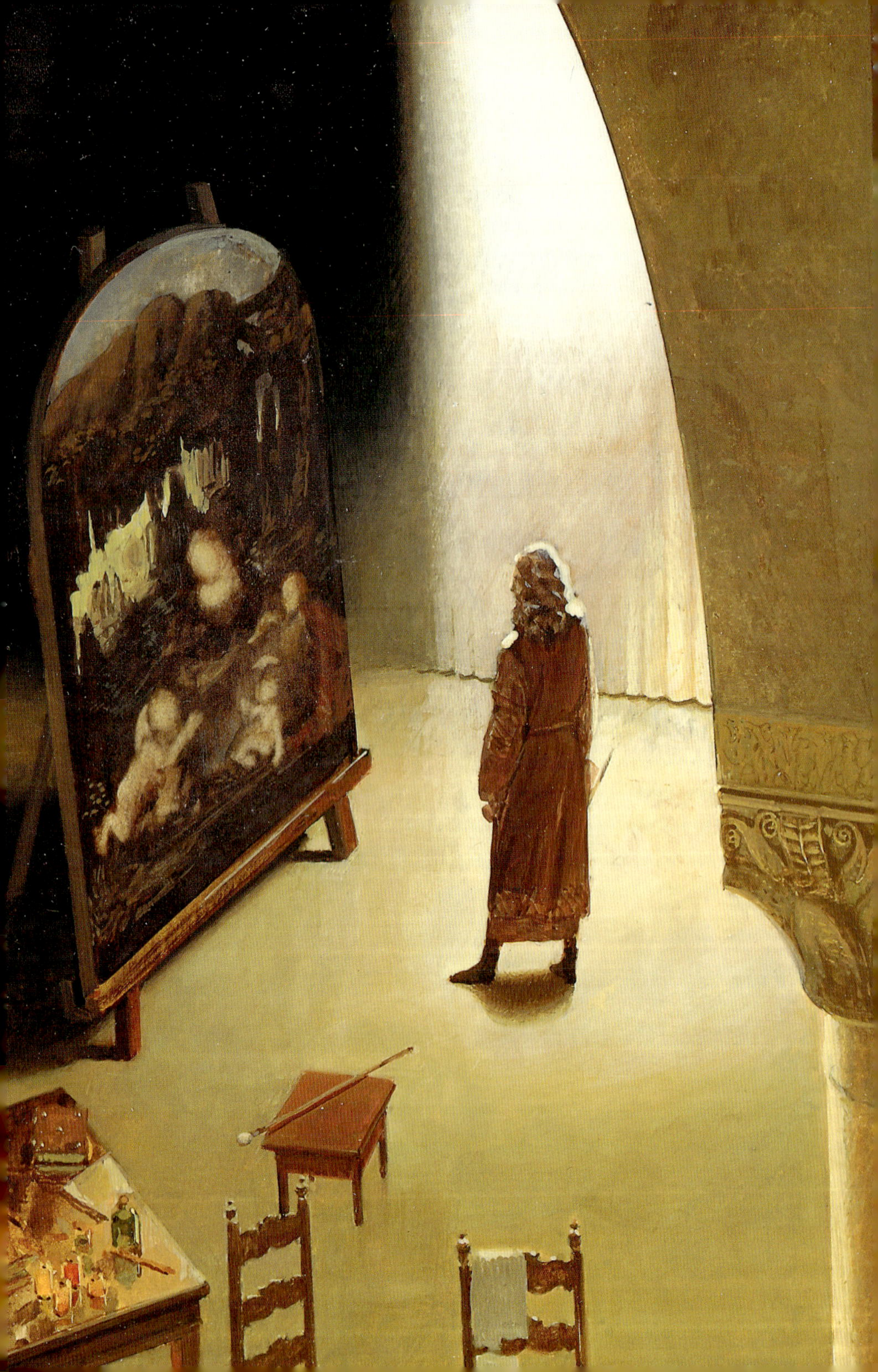

固执的艺术家

普雷迪斯这一家人平常都只做一些**脏活儿累活儿**，可令他们没想到的是与达·芬奇合作起来，甚至连休息的时间都没有。他像魔鬼一样日夜工作，简直没人能管得住他。在画**《岩间圣母》**这幅画的时候他的要求就很多。

这幅画其实是圣母修道院院长想请芬奇·普雷迪斯工作坊为"**无玷始胎**"这一主题画一幅**三板画**。他们的公证人已经签署了一份条件十分详细的协议，上面规定好了主题、绘画方式、用色、需要注意的细节等等。而要完成作品主要部分的达·芬奇看都没怎么看就签了这份协议，而且也没有按照上面写的去做。他想的是："我可不会在这张废纸面前弯下我的脊梁骨！"然后他又返回到繁忙的工作中去了。

脏活儿累活儿： 乏味无聊的工作。

《岩间圣母》： 见P55。

无玷始胎： 圣母生来无罪。

三板画： 画在三块板上面的画。

几个月过去了，还没人见过这部作品，因为达·芬奇不让别人看。他甚至出门喝酒的时候都用锁把门锁得严严实实的。交画的这一天终于到来了。在许多修道院院长和所有画家面前，达·芬奇终于将这幅画展现了出来，这下大家都震惊了，纷纷称赞这是一幅出色的作品。可正当所有人都在欣赏这幅画有多么美的时候，有一个修道院院长却站了出来，清了清嗓子，指责道：

"这幅画确实画得很好，达·芬奇，但是我能持一点保留意见吗？不是有意要冒犯您，我只是觉得这幅作品不是我们在协议中所写的那样。"

普雷迪斯愣住了，一动不动地站在那里担心着最严重的后果。而穿得像王子一样的达·芬奇，长发披肩，看了看自己的得意之作后转过身来，眼神发光，略带嘲讽，甚至有些放肆地说道：

"您确定吗？我理解您的惊讶之处，但是我觉得协议中给我的主题其实更适合用一种……怎么说，更现代的方式去处理。所以我就采用了一种比较……主观的方式，实际上是一种比较艺术的方式。"

"那么，大师，我承认这幅画确实是上乘佳作，可

是我们在协议中明文规定圣母需要穿着黄金色**锦缎**……"

锦缎：一种带金银制线的丝绸。

"天哪！难道圣母的光芒都不能够超越一件华丽的服饰吗？她不是上帝的母亲吗？这样说来，难道她没有超脱俗气的优雅吗？"

好几个修道院院长都默默地点头，可那一个麻烦的院长依然穷追不舍：

"那天使们呢？本来是要画好几个天使的。"

"不是我不尊敬您，但是我认为要是有太多的人物出现在画面中会有损整幅画的美感。您看，现在已经不是靠多画几个人物就能得来名气的年代了。一直以来，佛罗伦萨的画家就是这样作画的，比如**乔托**，他的壁画很有名。还有**马萨乔**，他的画中很少有人物。所以，我也不想打破这个光荣的传统，于是只在右侧保留了**乌列**。"

要是现在有个老鼠洞在普雷迪斯旁边的话，他立马就想钻进去！"这个撒旦般的佛罗伦萨人可真是固执，把我们的生活搞得一团糟！接下来可怎么搞定这堆烂摊子啊！"

院长身边的兄弟们都忙着惊叹于画作的美与神秘，还有光线的运用，就想着对达·芬奇宽容一点算了，可那位院长还不是很信服。

"那**先知**呢？也是一些没用的细节吗？"

"画先知是一笔没用的开支，我就自作主张省掉了，但是取而代之的是一些微妙的东西，比如鲜花是**预言**的象征。这样我就能通过绘画植物的美来与那些佛拉芒画家相媲美，甚至超越他们。当然每个人都有每个人的品位，各自不同。我也没有画约瑟夫，因为我觉

乔托（Giotto，1266-1337）：意大利画家和建筑家。

马萨乔（Masaccio，1401-1428）：意大利画家。

乌列（Uriel）：掌管地狱之火的天使。

先知：以上帝的名义传达消息的人。

预言：先知们所说的话。

得……"

"但是我们是有协议的,不是吗?"

这时候,达·芬奇已经陷入对自己作品的欣赏之中了:

"在佛罗伦萨,我们的哲学与信仰是说绘画这门艺术有一种神圣的品格,画家的精神就好比上帝一样。他们会用自己的方式来创造世界,感受这个世界上的人、动物、植物、水果、风景、乡村、绵延的山脉,感受令人恐惧或者惊讶的东西,感受迷人与香甜。艺术家就像是上帝的儿子,画家的想法要高于一切人们的顾虑。"

"那么,"院长继续说道,"我们就交由公证人来解决这场纷争,再决定你的工资吧。"

"那就随您吧,你们也可以不接受这幅作品。在意大利,在法国,在德国,会有上百个王子懂得欣赏这幅画,他们还会争论到底要把它放在哪座富丽堂皇的教堂里呢。"达·芬奇嘲讽道。

这小插曲可逗坏了公爵,他讥讽着院长的愤怒,同时也嘲笑着达·芬奇为了这幅画要付出的代价!艺术家是不会让步的,他们会坚持自己的作品。既然整个宫廷都会欣赏他们的故事和他们讲故事的天赋,那也会欣赏

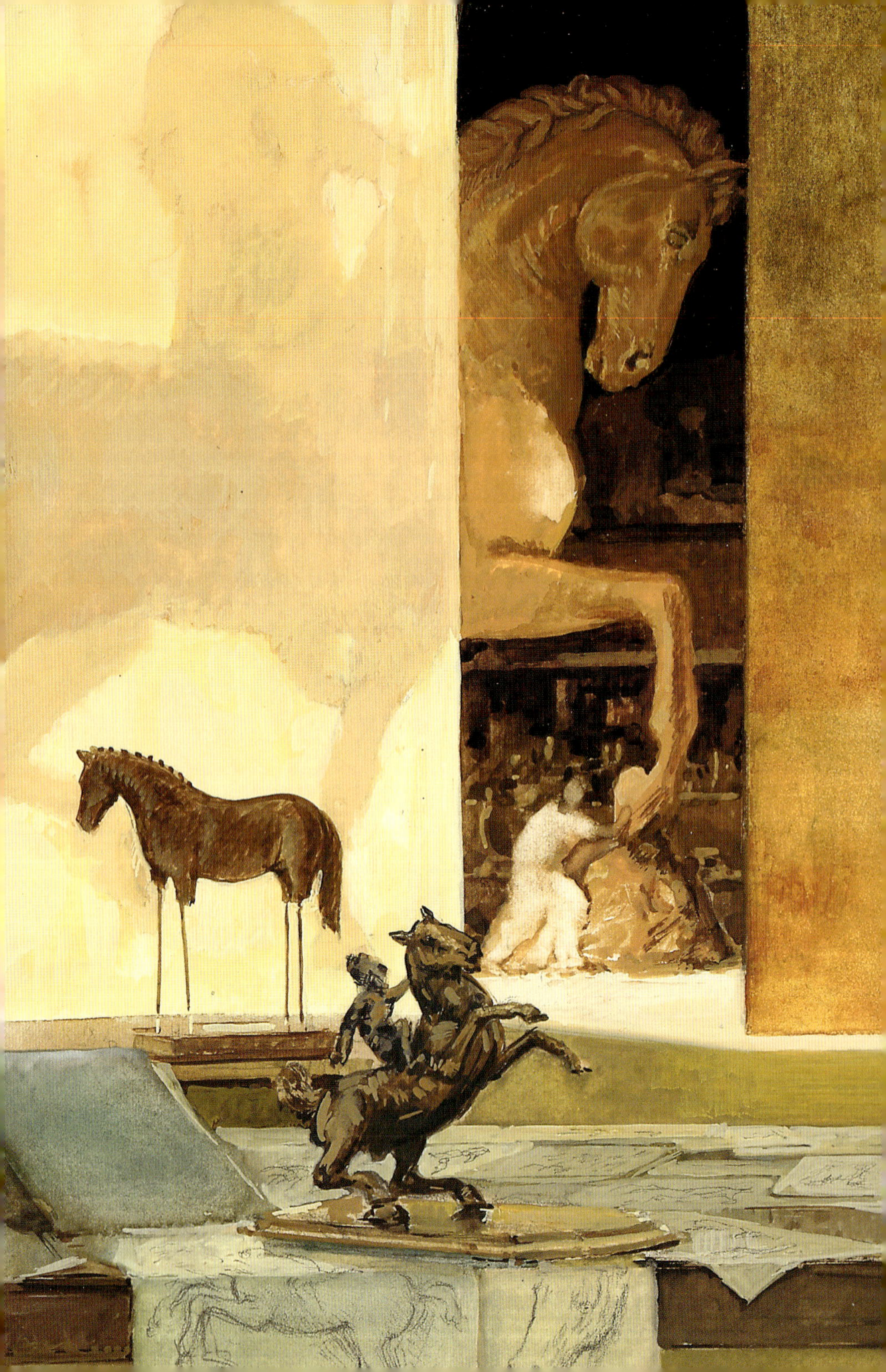

他们夸张的怪相了。

米兰现在已经成为达·芬奇的第二家乡了。人们总是赞扬他，给他很多订单，叫他任意创作。现在他可是宫廷的宠儿。每次有节日到来他都会做一些装饰、服饰、面具或者发明一些奇特的机器。几年过去了，他依然保持着创作的热情，在每个重要的场合他都是不可缺少的那个人。

他想到米兰可能会投资一部分金钱用于纺织业，就画了一些拉丝与纺织的机器。摩尔人想着要好好养育这片肥沃的土地，达·芬奇就赶紧投身工作中，做了能将沼泽排干的机器、船闸、运河、水坝，还发明了挖泥机来清理污泥。

公爵还在一次晚宴上提到过关于米兰城市规划的提案，达·芬奇就从包里拿出他的笔记本开始画一些草稿，引起了众人的兴趣，随后又和朝臣门讨论了一番。他想在波河沿岸建造一座全新的城市，阻止流行病的发生，住房要排列整齐使空气流通，人工河上要运货，修建水闸用来浇灌土地，同时也可以清洗街道。就连排水沟、离散通道，还有厕所这样的小细节都想到了。

虽然他想了很多，做的却很少！哎！不仅仅是他的画作名誉欧洲，在别的领域里大家也都认为他是一个较为特立独行的人，虽然不是专业出身但也足够杰出。公爵对他所做的骑士雕塑很有信心，这个雕塑是1480年订制的，快15年过去了，拖了不少的时间。达·芬奇用陶土做了一个巨大雕塑模型（计7.2米高），只是他没及时将其浇铸上金属，因为这一步骤太复杂了，一般人都不会做这么大的作品。当时整个欧洲都在讨论这件事，因为大家担心以后这门浇铸的艺术就要失传了。

大家都说命运不好的人就应该热衷于一些伟大的事情。在1494年，法兰西国王查理八世带着他强大的军队来到意大利。米兰人一下子被查理八世军队的效率惊住了，便慷慨地想要将铜制品奉献给他们。于是本来用于制作雕像的铜被船运到了费拉拉市的**军火场**。

就这样，骑士的雕塑由于缺少铜原料而一直没能完成。人们开始责怪达·芬奇

军火场： 建造和修复战争武器的地方。

偷偷向法兰西军队示好，说他根本没能力完成这个雕像。达·芬奇对于这样的传言感到十分失望。公爵知道了这件事，为了抚慰达·芬奇，就将感恩圣母堂中的《**最后的晚餐**》这一幅画交给他来画。

《最后的晚餐》：见66-67页。

艺术家们在画最后的晚餐这一主题的时候，往往都会专注于两个场景：一个是圣餐仪式，另一个就是耶稣说有人将要背叛他的场景。达·芬奇画的正是第二种场景。

《最后的晚餐》，
1495-1498，达·芬奇

文艺复兴时期《最后的晚餐》
十五世纪的画家在画这一主题的时候往往会将犹大放在桌子另一边十分显眼的位置。下面这幅由安德烈·德·卡斯塔格诺所画的《最后的晚餐》中，犹大不仅仅坐在桌子的另一边，并且他的头部离大理石餐桌较远，表示他内心正充满着惊恐与不安。

达·芬奇的《最后的晚餐》

达·芬奇在作画的时候运用了几何学技巧,同时他也尽量赋予每个人物不同的神情,可惜壁画在很早的时候就有所损坏。瓦萨里说早在十六世纪中期的时候,这幅巨作就不能算是"宏伟"了。这是谁的责任呢?达·芬奇曾经说过其实他想用一些更加新颖的材料来作画的,可是当时还没有被发明出来。

> "公爵想要达·芬奇为感恩圣母堂画一幅《最后的晚餐》。"

《最后的晚餐》,近1450,安德烈·德·卡斯塔格诺

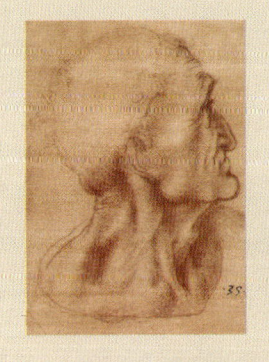

达·芬奇所画的犹大素描画像。

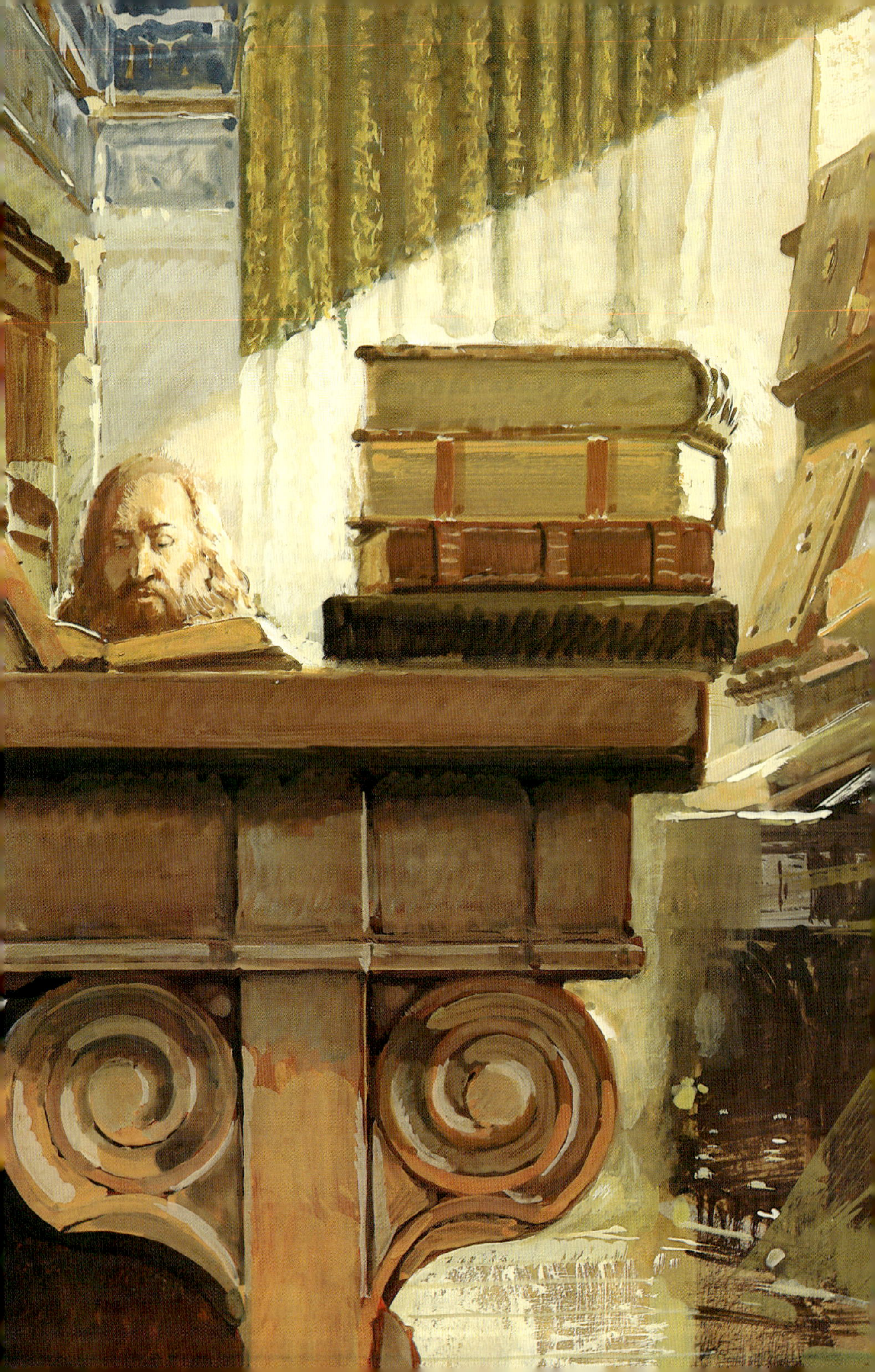

未完成的雄心壮志

不管达·芬奇是否有能力做好这个雕塑，他都没能按时完成，因为他实在太忙了。实际上他是开始对科学研究产生了兴趣，并且他想做的事情也越来越多：在研究人类眼睛的过程中，他发现了老花眼现象，并且想出了用隐形眼镜可以解决这一问题；在对光性质的研究上，他认为光线是可以自己移动的；他对于天文学也有涉猎，他认为星球对天空的蓝色都有影响，他说："我们在空气中看到的蓝色其实不是它本身的颜色，这种颜色的形成是由于在湿润的热空气中，有很多微小的看不见的颗粒，由于它们吸收了太阳的光照，才在黑暗的环境中变得有光亮起来。"那他为什么说地球是被大片的黑暗包围着的呢？这是个问题。

他一直认为，任何一种科学都是可以被研究的。他学的越来越多，所获得的也越来越多。这一切都是因为学习。他一直收集书籍和手稿，而且他研究学问所查阅的资料也并不都是意大利语的,他在过去的四十年间一直在学习拉丁语!"Amo,amas,amat……"他在笔记本上写着,就像是个初中生。

1495年,在完成了骑士雕塑(他一直觉得这座雕塑就是摩尔人想给他点钱所以才给他做的)之后,他又从卢多维科那里接了一份订单,是为感恩圣母堂画一幅壁画——《最后的晚餐》。对他来说,这可是一个可以完成一幅巨作的好机会,也许也是他最完美的一幅画。这幅画他画了三年,其间他也做了很多其他的事情。有时候他从早画到晚,有些时候一天也就画上几笔。

尽管达·芬奇加快了绘画进程,可还是会有人来催他!1497年末壁画快接近尾声的时候,他却画不出叛徒犹大的面孔了。修道院院长向公爵抱怨:

"尊敬的公爵大人,达·芬奇绘画不够认真这件事真的让我很心烦!"

"怎么会呢?他不是快画完了吗?"

"是的,大人,只剩下犹大的头没有画了,可这都快一年了,他还没有画,甚至有时候连他的人影都见不到!"

后来，卢多维科也很生气，在一次晚宴上责骂了达·芬奇：

"达·芬奇，《最后的晚餐》这幅画，你不画了？是不是还没有完成呢？"

"公爵大人，我做骑士塑像所需要的铜都被拿走了，您这样批评我不太好吧……"

"好吧，可是我不需要那么多颜料来为大炮上膛！"

"您订制的《最后的晚餐》这幅画，就只剩下犹大的头没有画了。这拖了我不少时间。一年以来我从早到晚都去**伯格托**，您也知道那地方到处都有流氓在街上乱晃，但是我依然没找到符合我脑中犹大形象的人。而我又比较固执……"

伯格托：米兰旁边的小镇。

"这我们大家都知道！不管怎样，你靠想象也应该能画出来吧？你不是经常幻想吗？"

"我会找到这个合适的人选的。不过既然这位修道院院长这么着急，那我就把他画成犹大的面孔好了！如果在修道院里成为了别人的笑话那就不关我的事了……"

大家哄堂大笑，公爵也一直都对达·芬奇的嘲讽很宽容。

"这主意好！画家朋友，那就这么做吧，整个欧洲

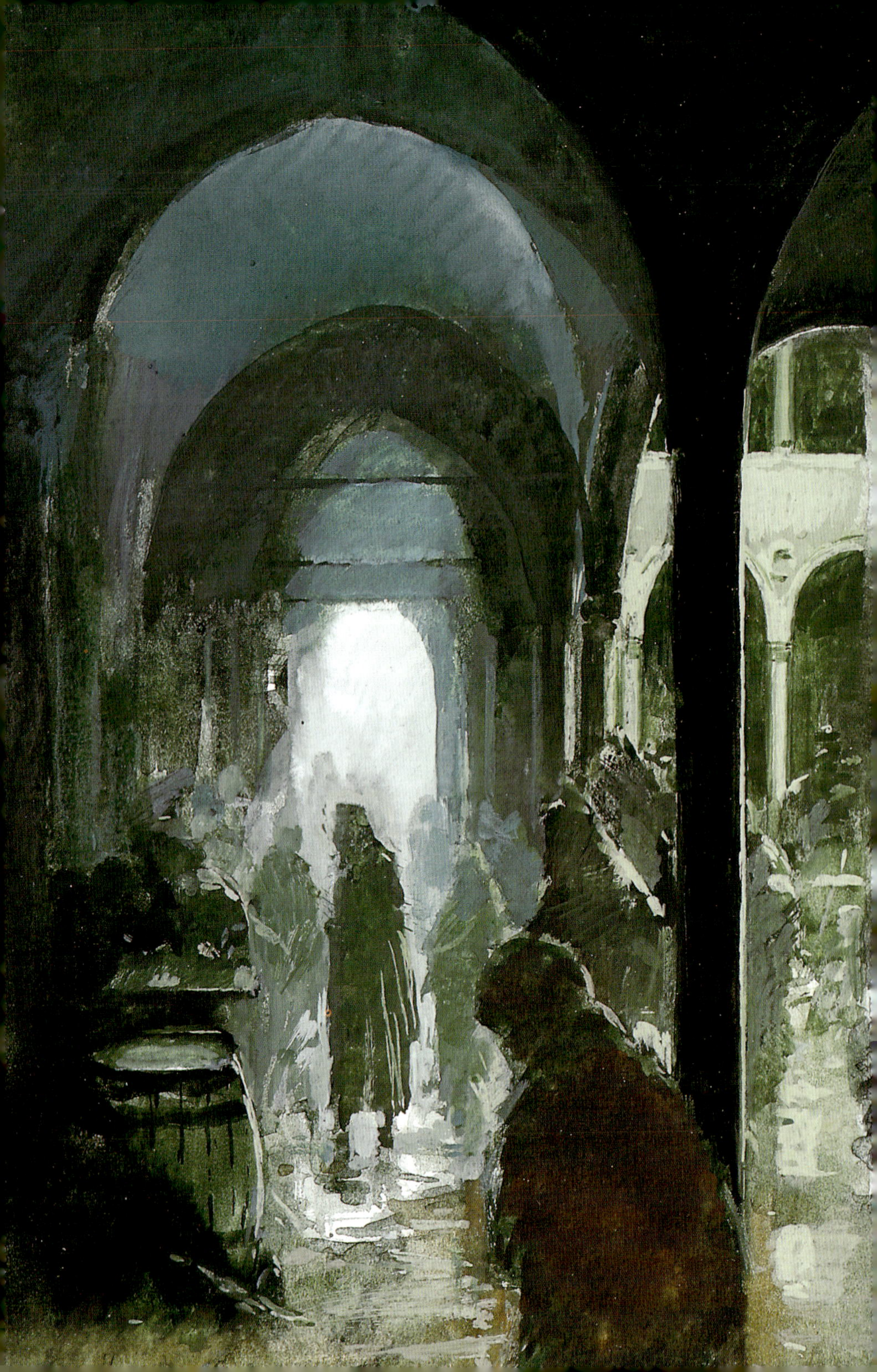

可都期盼着这幅画呢。"

就这样，达·芬奇完成了这幅壁画。最终他没有采用修道院院长的面孔。那时候在路易八世的领导下，法国人又一次占领了意大利。卢多维科和他的家人逃到了德国，于是在1499年9月14日，法国军队入侵到米兰。很多朝臣都逃离了伦巴第首都，而达·芬奇却不知该怎么做才好。公爵会回来吗？什么时候回来呢？这期间要怎么谋生？那时候法国人很欣赏他的才华，给了他一些建议，路易八世也亲自来看了《最后的晚餐》，他十分欣赏这幅画，甚至想将画从墙壁上取下来带回法国！但是达·芬奇不太信任法国国王并且也想离开自己的国家了。

就像二十年前他离开佛罗伦萨一样,他选择在一个冬天离开了米兰,这次他要途径曼图亚、威尼斯、佛罗伦萨到罗马去。这次他不着急,他有足够的钱,也没人催他。

在他到曼图亚的时候,他找到了旧友阿塔兰特·米格里奥罗蒂。在那里,他受到曼图亚统治者伊莎贝拉·德·埃斯特的热情款待。这位女侯爵一直想叫达·芬奇为她画一幅画像,但是达·芬奇不打算在这里常待,就想方设法地把画肖像这件事拖延下去!可是这位女侯爵总是时不时就过来催,这可惹急了这位年轻的艺术家!由于她不断邀请,而达·芬奇也一直吃住在宫廷中,于是就答应她"用最快的时间"用**红笔**在**黑石板**上画一幅肖像画。"我朋友卡洛·德·科尔西告诉我说只有对那些愿意相信的人来说,承诺才是承诺,不是吗?"达·芬奇冷笑道。

红笔: 此处指红砖制成的画笔。

黑石板: 一种可以在上面画画的柱形石头。

1500 年 3 月,达·芬奇在威尼斯收到了摩尔人被法国人俘虏的消息,因为他想夺回他原有的公爵权力。这下对达·芬奇来说麻烦可大了:他以后找谁做靠山呢?

他其实不是没有人选,只是他想找一个像摩尔人一样不那么麻烦的人!一个喜欢节日,又能给予慷慨资助,而且不会要求那么多的人,这样他才能有时间投入到学习中去。4月份,他回到了佛罗伦萨。

他朝圣般地回到了佛罗伦萨,回到了年轻时候待过的地方,但依然有一种孤独的感觉。虽然大家都很敬仰他,但是在城市里,人们都不在了:美第奇家族都在逃亡,韦罗基奥死了,连哲学家马尔西利奥·费奇诺和数学家托斯卡内利也去世了。他之前的伙伴波提切利也变得特别虔诚与严肃……值得高兴的是达·芬奇还找到了洛伦佐·迪·克雷迪,他现在是一名教师,生活倒不是那么完美,但也算稳定。

达·芬奇不免感到一丝心痛,他快五十岁了,也有了自己的人生计划,可是有很多开始了的事情却都还没有结尾。"啊!"他说,"至少我还有自由做一些我喜欢的事情,我只做我喜欢的事情。其他人可做不到这样,他们将自己拴在画架前像个**苦役犯**一样,还觉得自己身上镀金了呢!"

> **苦役犯**:犯了罪要做苦役的人。

现在他在这个感觉到有点陌生的佛罗伦萨还能做些什么呢?画承诺给伊莎贝拉·德·埃斯特的画像?为她

效忠？"千万不要，她太令人讨厌，总是要把什么都搅和在一起，什么都要检查，很**挑剔**。比那些叫我画《岩间圣母》的修道士还麻烦！"达·芬奇目前倒是有计划画一幅女性肖像，是美丽的乔康达夫人。"我要先找个地方安定下来，再找到模特，之后开始工作。啊对了！重中之重是要编写出**阿基米德**著作的译文。"

挑剔：在琐事上纠缠不清。

阿基米德（公元前287-212）：古希腊科学家。

圣母马利亚会修士：传播圣母福音的人。

正祭台：教堂的主要祭祀台。

《圣母子与圣安妮》：见79页图。

住房的问题很快就解决了。有一些**圣母马利亚会修士**请达·芬奇为安农齐亚塔教堂的**正祭台**作一幅**《圣母子与圣安妮》**，达·芬奇可以住在他们那里。最开始这些修士还很高兴，觉得很幸运能请到达·芬奇，可是很快他们就气坏了，因为达·芬奇要做的事情太多，要修建筑，做数学研究，可就是不作画！后来他们明白了，曼图亚女侯爵那么多次叫他去画肖像他都没画，那这幅画达·芬奇一定不屑去画吧！可他却留下了虚伪而诱人的承诺！

《圣母子与圣安妮》的草图完成之后，整个佛罗伦萨的人都跑来欣赏这幅画，大家都称其完美。可是一种必须要完成某一幅画的束缚感让达·芬奇受不了了，他抓住了在**凯撒·波吉亚**身边工作的机会离开了佛罗伦萨，这又使修士失望了一番。又是一幅半成品，达·芬奇也没有办法。

凯撒·波吉亚（1475-1507）：意大利政治家。

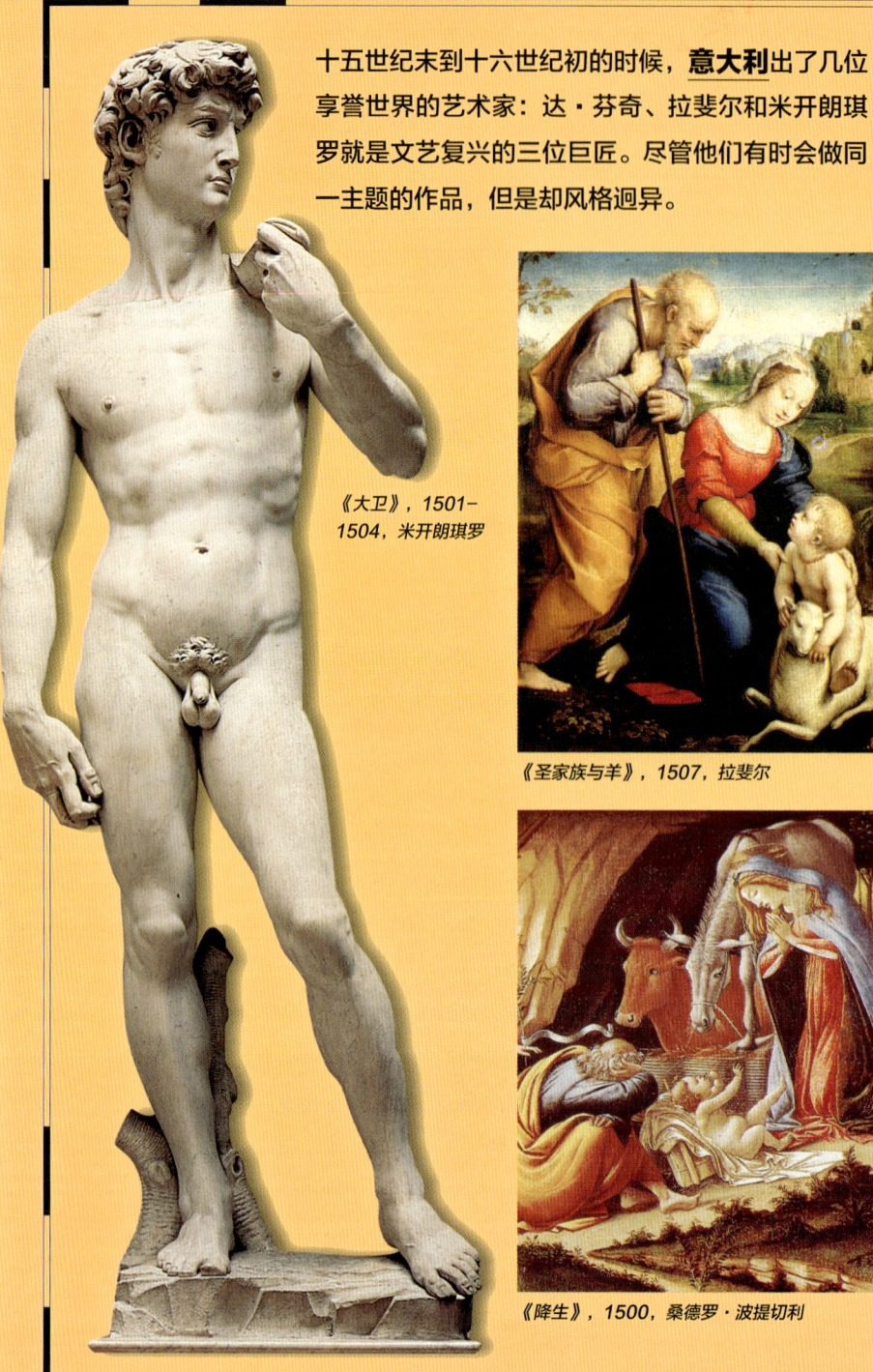

十五世纪末到十六世纪初的时候，**意大利**出了几位享誉世界的艺术家：达·芬奇、拉斐尔和米开朗琪罗就是文艺复兴的三位巨匠。尽管他们有时会做同一主题的作品，但是却风格迥异。

《大卫》，1501-1504，米开朗琪罗

《圣家族与羊》，1507，拉斐尔

《降生》，1500，桑德罗·波提切利

《圣母子与圣安妮》，1508年后，达·芬奇

同一时期的艺术家们

拉斐尔沿袭了达·芬奇柔和的画风，刚好与米开朗基罗的强劲风格相对应。波提切利习惯追溯十六世纪早期的作画方式，人们也常说他喜欢在画中追溯过去。

《圣母子与圣安妮》

安妮是圣母马利亚的母亲，《圣经·新约》中却对她的存在只字未提。达·芬奇在此幅画中描绘了圣安妮及其女儿马利亚。画面中两个女人都有迷离的神情。耶稣的苦难与死亡都体现在他想要骑的那只羊羔上。而马利亚则想要拉回耶稣，意为保护他不受苦难。她的面部和裙子没有被画完，画中三个人的眼神都有所交汇。

"《圣母子与圣安妮》的草图完成之后，整个佛罗伦萨的人都跑来欣赏这幅画，大家都称其完美。"

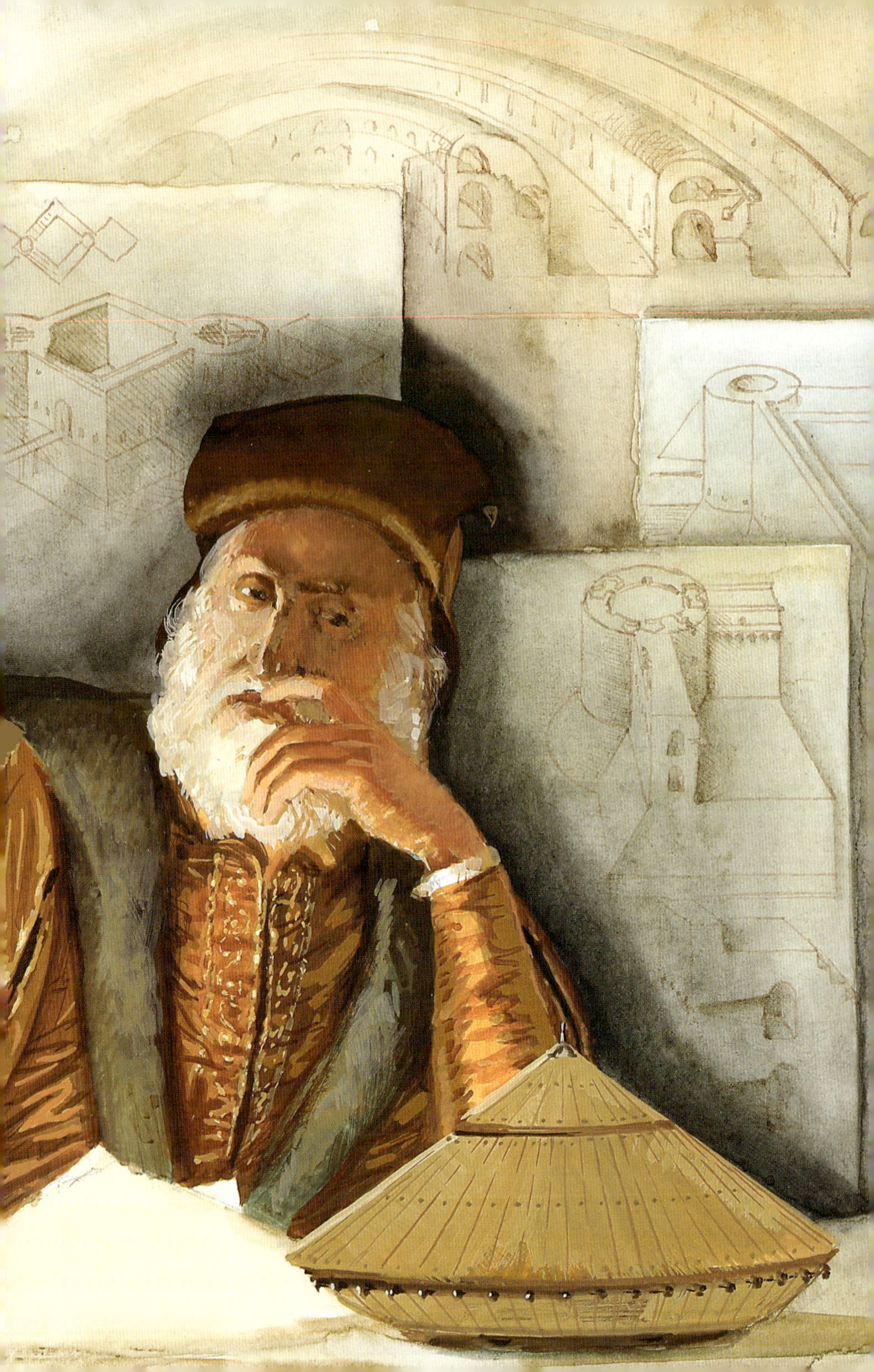

战争期间

1502年夏天。"致所有中尉、上尉、贵族、**队长**、军官、士兵以及臣民，现在宣布我们将以此文件任命大家所亲爱并且熟悉的建筑家和工程师达·芬奇为国家建设的总工程师，负责监护各个地区的城墙以保护我们的国家。为了让他更好地完成工作，他所到之处，不可以有人阻拦，以保持他所经过的地方道路畅通。要热情地迎接他，让他检查他想要检查的地方。并且，要按照他的请求给予人力帮助，满足他的一切所需。国家内部所有的工程，在施工前工程师们都要与他进行商议，并听从他的最终指挥。如有人不遵守此条法令，必将受到重罚！"

> **队长：** 此处指外籍军团的首领。

就这样，达·芬奇被任命为军事工程师，并且手上掌握着很大的权力。

这都亏了凯撒·波古亚，他是罗马教堂的总统领，亚历山大六世的儿子，并且和法国国王是同盟，因为法国国王封他为瓦朗斯公爵。

罗马涅地区
(Romagne)：意大利中部地区，濒临亚得里亚海。

由于波吉亚开始攻打**罗马涅地区**，达·芬奇也就在 7 月去了皮奥恩比诺清理沼泽，随后又去了阿雷佐。在那里他画了一幅地区地图，方便凯撒·波吉亚手下的队长维特罗佐·维特里进行战略部署。而波吉亚就在城区不远处进行埋伏。达·芬奇知道他们途经之处有阿基米德的著作，就恳请去寻找。他对于书籍的狂热已经到一定要将其囊入怀中的地步。

7 月末，他又与用巧计夺取了乌尔比诺城的凯撒·波吉亚汇合。他这个靠山抢走了城里的好多艺术珍宝，达·芬奇看着这么多书都被夺走了心里很悲痛。"这么多珍贵的宝物和财富都被这些禽兽抢走了，分散在不同的地方。"他气愤地想着。后来他去了佩萨罗、里米尼，还有切塞纳、罗马涅的首府，他要在那边建一座大学和法庭。这座城市对他来说就像是米兰一样，一点也不陌生，而且生活也没那么难。

初冬之时，达·芬奇到了伊姆娜，这是凯撒的领土。可是严寒的天气已经不适合再向前赶路了，于是他就利用这段时间来学习，和别人交谈。在路途中，他碰到了年轻的**马基雅弗利**，他匆匆地从佛罗伦萨赶来要见波吉亚。达·芬奇是个有点**多疑的**艺术家，一向成熟谨慎，倒与这个年轻低调且令人生畏的外交家一见如故，很谈得来。马基雅弗列每次从凯撒·波吉亚那令人不舒服的军队回来之后总要到达·芬奇那里去，带着他的笔记本，两个人在烧着柴火的火炉前面讨论。就在1502年12月的一天晚上，他对达·芬奇说：

"我发现你和别人不一样，你从来不引用古人们所说的话，这一点让我很惊讶。"

"那是因为我不想走那些好多人都已经走过了的路，他们的文章语气傲慢且夸张，充满了引用。有一些'智者'还经常鄙视我，可我是一个懂得创作的人，不屑于与那些抄袭者和改编者为伍。只有自己的经验才算数，你知道吗？我的结论都是由我个人经验所得，非常纯正，这才应该是一个哲学家应有的素质。"

> **马基雅弗利**(Machiavel, 1469-1527)：意大利政治及外交家，他在其主要著作《君主论》中提出了关于如何更好地治理国家的建议。
>
> **多疑的**：指一个人不容易相信其他事物。

"那你为什么花了这么多时间画一些平凡的东西呢？比如说你在乡下画的这个风车，有何意义呢，还有这个马车。"

"很简单！在我们之前的人把所有有用的和必需画的东西都画遍了，而我就像是最后一个到达集市的穷人，没办法选择自己想要的，只能选择别人不要的，认为没有价值的东西。可从别人看不上的东西中，我却依旧能学到知识。"

"可数学也不算是一种低级的科学啊，如果我没说错的话，**卢卡·帕西奥利**

卢卡·帕西奥利（Luca Pacioli，1445-1510）：意大利数学家。

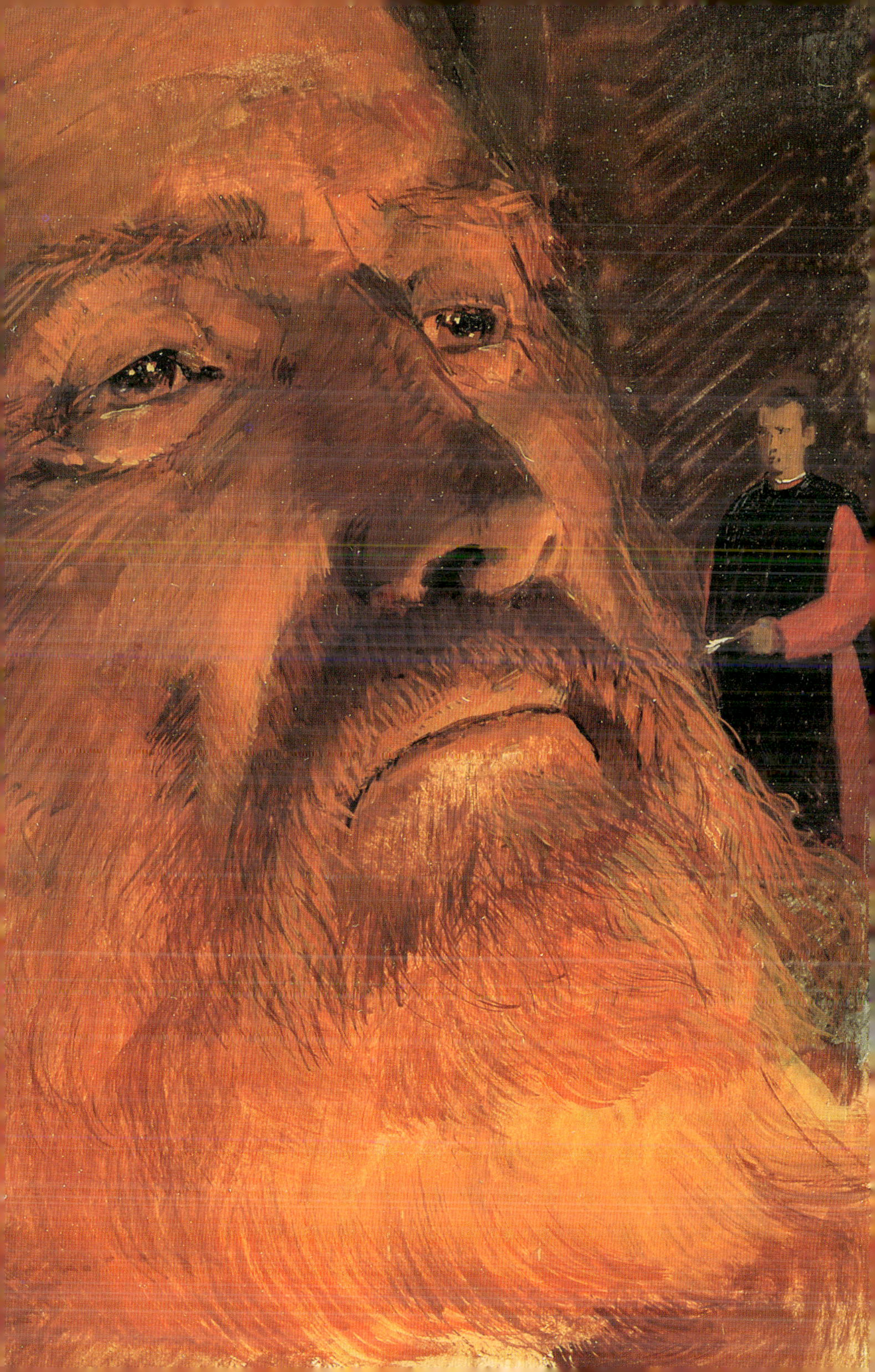

可是你的好朋友。"

"其实我还是觉得世界人类的研究要是不经过数学的验证是不可以称为科学的。"

"波吉亚所要的城墙是不是花费了你不少的时间？我的建议是世界上最好的城墙就是人们对祖国的爱。如果只筑坚石而不筑民心，稳固的城墙也是无法保护国家的。"

"你说得很对，可这些工作同时也让我完成了不少事情。其实，我不知道我还能继续走多久，一路上我的所见所闻又让我长了不少知识，我同时也发现如果不是因为路上遇到的人，我们也不会更好地了解这个世界。"

"也许你没失去什么。有些人，我们甚至可以说很多人，都**忘恩负义**、善变、虚伪、城府很深。你我也都知道，那些有很强势力有很多财富的人都是靠着欺诈的技巧或者暴力得到的。他们用暴力与欺世来赢取他们想要的东西。而那些没有理智或过于愚蠢的人，不会去做这种事情，于是就只能停滞于被奴役或者贫穷之中。只有那些撒谎的人还有勇敢的人才能逃离奴役，只有用残忍和欺

忘恩负义：指一个人忘却别人对自己的好。

骗才能逃脱贫穷。这就是与路人相遇所能领悟的道理吧！"

"你是一个大彻大悟的年轻人，也许这就是年轻人的标志吧。"

"古时候作家写出来的很多知识都需要我们自己去用自身经验验证并对其进行补充，就像你说的那样去做吧。正好问问你，关于你着手的阿基米德著作做得还满意吗？"

"你也知道，我只是希望人们不再受到痛苦的纠缠。我不想成为可悲的流氓和小偷中的一员。"

"那作画呢？也放弃了？"

"啊！对！绘画！我还有没画完的画呢。"

"我有消息传来说，曼图亚女侯爵现在还没见到她的肖像画，很是愤怒！"

"哎，她很容易生气，但是我才不管呢！她应该明白画画这件事情不像铲地那么简单。这么说来，其实我在不画画的时候就对绘画没什么兴趣！可现在你看，我又开始想画画了，有好几幅画我都想再继续加工一下，尤其是有一幅乔康达夫人的画像我一定会画的。"

"追求美还是追求活着,你再好好想想吧。"

"你这番话还真是残酷啊,但是你说得对。我希望可以过稳定安静的生活,可现在我接触的尽是杀戮或背叛之事。我的内心厌恶战争已经到了极点,这简直是禽兽!两个月前,在福松布罗内市绿滕地区,妇女、小孩还有市民都被屠杀了,我真是吓坏了。"

"可凯撒不会下这种杀戮的命令的。"

"可是他手下的士兵却以杀人来取悦他!而且就算他们杀人了,凯撒也不会惩罚他们,法国国王的**封臣**可不会这样做的,我们才是凶恶的人!"

"你不怕自己也被杀害吗?"

"其实这一段时间以来,我也害怕得不敢出门,在家里研究鸟类,设计一些纺织机应该不会把敌人招惹来。可是为了服从波吉亚,我要操心战争与围攻等事情,我早晚都是要付出代价的,总之会有人来找我算账的。因为这些**弩炮**和**弹射器**,这些武器可以让士兵无风险地通过围墙。波吉亚手下的士兵可是用得很好呢。"

封臣: 听从于国王的诸侯。

弩炮: 可以进行投射的武器。

弹射器: 可以进行投射较重物品的武器。

"你可不是那种会杀戮的人。"

"我知道，我知道。这些事情不会做很久的。这是我们之间的秘密，好吗？"

从 1450 年起，**罗马**又恢复了生机。1447 年新人教皇尼古拉斯五世为此做出了不少贡献。但更要归功于尤里乌斯二世所指挥的无数教堂工程，教会的力量才逐渐强大起来。在同一时期，人们还发现了古罗马时期的珍宝。

达·芬奇的工作

达·芬奇不能完全被排除在罗马文艺复兴之外。由于他到罗马的时间太晚了，所以他所指挥的工程都是些次要的。他到底有没有绘制出彭坦沼泽的地图？也许他绘制出来了，但是我们无从考证。

达·芬奇所绘地图

远古时期的珍宝

罗马对于当时的许多艺术家来说是一个神圣的目的地。其中的一个原因也是因为罗马存有大量的远古时代的奇珍异宝。比如 1506 年出土的拉奥孔雕像。

有着古代建筑的罗马

拉孔奥雕像展示了拉孔奥及其两个儿子被海蛇缠绕至死的场景。

罗马文艺复兴

尤利乌斯二世在1503至1513年统治罗马期间将罗马变成了整个"世界的中心"。十六世纪上半叶出现了文艺复兴时期的几大巨作:西斯廷礼拜堂内米开朗基罗所绘制的天顶画,拉斐尔客房,梵蒂冈扩建,多纳托·伯拉孟特的建筑,一切都造就了罗马当时的伟大。

> "我发现你和别人不一样,你从来不引用古人们所说的话,这一点让我很惊讶。"

从亚壁古道看罗马

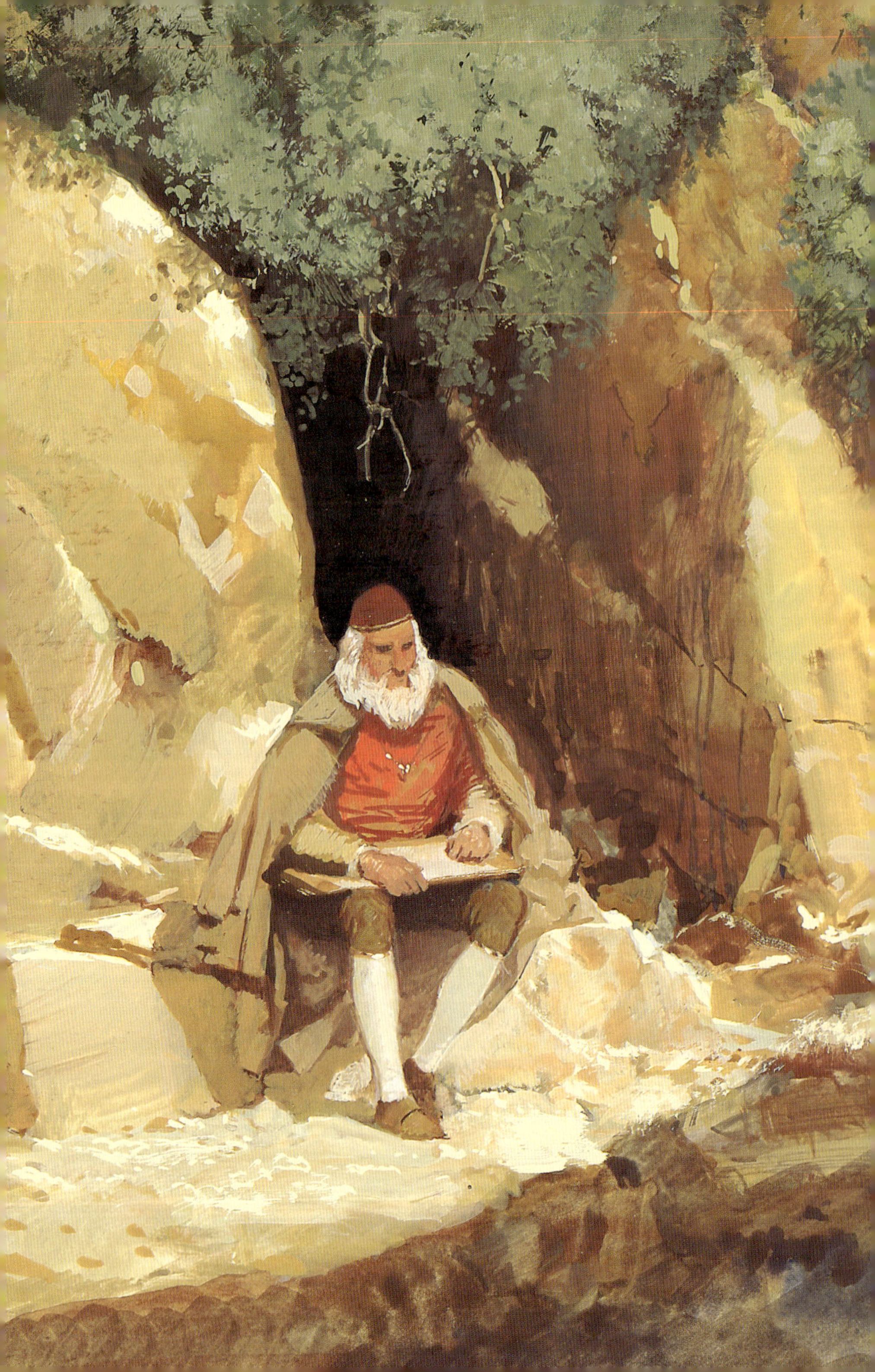

对手

1503年,达·芬奇在向马基雅弗利含蓄地说了这些事情后,就回到了佛罗伦萨,在那里他受到热烈的欢迎,还在芬奇城的田间散步。那里橄榄树摇曳,飞鸟振翅,流水潺潺,他被这自然界的各种富有魔力的声音吸引了。"哦,画家啊!当你老了的时候,去田野里看看吧。看看那些不同的事物,看看这儿,看看那儿,挑选出一束最不起眼的小花。"

10月份的时候,达·芬奇开始着手画一幅很重要的画。他接受委托要在韦奇奥宫画一幅巨型壁画(20米长8米宽)。壁画的主题是这座城市历史上一场著名的战役:**安加利之战**。

安加利之战:1440年佛罗伦萨贵族军队与伦巴第贵族军队之间的战争,结果是佛罗伦萨贵族获胜。

人们已经草拟了一份十分详尽的合同书,可是他却不以为意!他依旧在那些厚厚的笔记本上写着他亲眼所见的历史,还有那些亲身经历过的人所诉说的故事。"你要画马匹与战士跑过后的场面,尘土飞扬,与炮火放出的烟弥漫在一起。还有战士们红色的脸孔,这种红色会慢慢褪去。将死的人紧咬着牙齿,两眼翻白,双腿扭曲着。还有那些没了骑士的战马,在敌军阵营里到处乱撞,马鬃在风中飘着,和他的马蹄一样,破烂不堪。要小心,没有一个人不是受了伤,没有一个地方没有沾满鲜血。"1505年,这幅画按时完成了。

要不是命运的**捉弄**,达·芬奇的生活会越来越好的。自从佛罗伦萨来了一位十分有才华的年轻艺术家,达·芬奇的日子就开始不好过了。这个年轻人就是:**米开朗琪罗**。达·芬奇惊奇地发现有人委托米开朗琪罗在韦奇奥宫与他相对面的那块墙壁上作一幅壁画!而且合同也是一样的:一样的尺寸,就连主题也很近似,卡西纳之战!就好像是与他作对的那些人故意让米开朗琪罗来给他施加压力一样。不过这也可能是一个很好的机会,他时常在夜里想着能有一个同行之间的较量,可是他却没有想到米开朗琪罗的性格如此的暴躁。

捉弄: 此处指达·芬奇的命运多有不顺。
米开朗琪罗(1475-1564):意大利雕塑家、画家、建筑家及诗人。
《大卫》: 见78页图。

三十多岁的米开朗琪罗已经是一个十分有名的艺术家了。他所雕塑的《**大卫**》深深地震撼了佛罗伦萨的人们,圣彼得大教堂内的《圣母怜子》也是美得让人

窒息。米开朗琪罗与达·芬奇简直就是两个对立面：达·芬奇虽然也雕塑，但是他更喜欢绘画，米开朗琪罗虽然也做绘画，但是他更钟情于雕塑！达·芬奇是一个礼貌、谦虚、精致、得体的名人，而米开朗琪罗却放纵张扬，倨傲不羁，不修边幅，还爱吵架。前者性格多疑，喜欢猜忌，而后者热情饱满，十分狂热。虽然他们都是互相崇拜的，但他们是绝对不会袒露这种对对方的欣赏之情的！更糟糕的是，他们的这种相互对决竟要展现在公众面前。

个阳光明媚的早上，达·芬奇正在佛罗伦萨散步，想要到圣三一教堂见几位老友，与他们一起在斯皮尼宅院中的长椅上聊天。他们讨论**但丁**的诗歌，有一个朋友就问了达·芬奇几个意思不太明确的诗句，这也证明了大家都相信达·芬奇的智慧。他坐了下来，翻了几页**《神曲》**，思考了一会儿，发现米开朗琪罗正巧也经过这里，他每次看见达·芬奇的时候都有一种挑衅的神情。而达·芬奇也知道如果邀请米开朗琪罗加入谈话的话会助其气焰，于是就叫同伴问他会怎样回答。

但丁（1265-1321）：佛罗伦萨作家。
《神曲》：但丁所著的长诗。

"嘿，米开朗琪罗，你能帮我们解释一下但丁的几句诗吗？"达·芬奇趁他路过这里的时候高兴地问道。

"我可没时间参与到你们的谈话中，你还是自己给他们解释吧。你不是还雕了一匹马吗，然后还没能给马涂上铜色，而且更丢人的是你还把这作品给放弃了！在这里聊天可不行啊！"

达·芬奇无话可说。而米开朗琪罗好像没完没了一样，走之前又嘲笑道：

"这些愚蠢的米兰人竟然会相信你！"

达·芬奇站起身一句话也没说就回家了。他坐在壁炉前，什么也做不下去。他皱着眉头，回想着过去及近些年的失败：亚诺河河水改道失败；**化圆为方**的问题也没有解决；虽然经过了多次改造，可飞行器试飞也依旧失败。他的失败清单还没有结束：《安加利之战》这幅画好像也可以写到清单上面了。

好像周围的一切都在嘲笑达·芬奇。

1505年初，大底图按照时间计划完成了，他打算将其挂到墙面上。脚手架已经搭好，石膏、颜料，还有**亚麻**油、希腊**树脂**等等也都在大厅里面准备好了。达·芬奇和他的助手们毫不拖延地画了起来。等夜晚到来的时候，大家都走了之后却把一个很灵敏的暖气设备留在了那里。这本来是为了要烘干壁画上第一层涂料用的。可到了第二天，达·芬奇来到大厅一看，就忍不住大叫了起来：设备温度高的地方并没有达到墙面的高度。于是墙面的颜色全都弄花了，也弄坏了里面的颜色，一切都要重新画！

达·芬奇回到家，瘫坐在沙发上，这时他却冒出了一个最疯狂的想法：就这样吧。

"你为什么要与自己的命运抗争呢？"他自己问自己，"这该死的壁画不干，米开朗琪罗还当众侮辱你，

> **化圆为方**：古希腊尺规作图问题之一，目前没有答案的一个问题。
>
> **亚麻**：一种开蓝色花的植物。
>
> **树脂**：一种黏稠的材料。

飞行器在天上也飞不了。一切都与我作对，都想毁掉我。什么都不按照我的想法进行。你为什么还要执迷于此？你还要找新的颜色调料吗？还有什么意义！就像我经常说的那样，自己构思一幅作品很难，至于剩下的，也只能交给粉刷匠了。够了！"

就这样，《安加利之战》又被放弃了！当然，委托他作画的人可不想看到这个结果。皮埃罗·索德里尼是当时佛罗伦萨的**首长**，也是委托他作画的人。当他知道达·芬奇不想继续完成这幅画之后，就

首长：管理城市的人。

怒斥道：

"什么！我们已经给他这么优越的条件了，也花了这么多的人力和财力，他就这么把画放下自己跑掉了？决不允许！要不让他回来继续画，要不就叫他把我们的花费都还回来！有必要的话还可以把他关起来！我发誓！"

但是幸运再一次降临在达·芬奇头上。这次是因为米兰的统治者夏尔·德·安布瓦兹替法国国王写的一封信。由于法国国王很欣赏达·芬奇，所以想邀请他到法国宫廷去，于是他请佛罗伦萨官员给达·芬奇放几天"假"。因为不好推却夏尔·德·安布瓦兹和法国国王的请求，况且法国国王还在米兰与比萨的战役中支持了米兰。执政官没有办法，只能做出让步。

这对米兰执政官来说简直是一种羞辱，可对于达·芬奇，也算是一种小小的补偿，因为那时候米开朗琪罗又被教皇召到罗马，叫他负责设计西斯廷礼拜堂的穹顶。就这样，《卡西纳之战》这幅壁画也被搁置了。

达·芬奇想**通过这些图画**来展示他的观察及解剖的成果。他用银尖笔在铜板纸上作画,使呈现出来的效果更加清晰与生动。

解剖学研究

广义地说,达·芬奇探究的是生命的奥秘。比如下图子宫中的胚胎。达·芬奇又一次在科学领域进行创新,这是人类科学历史上第一次将胚胎及脐带画到正确的位置。

子宫内的胚胎,达·芬奇

"尽管对飞行器进行了多次改造,但是试飞还是失败了。"

植物学

达·芬奇对于植物的探究不仅仅局限在将它们作为原材料来制造颜色及涂料,他也会运用植物来发明香水或者作为医用药材。

设计飞行翅膀

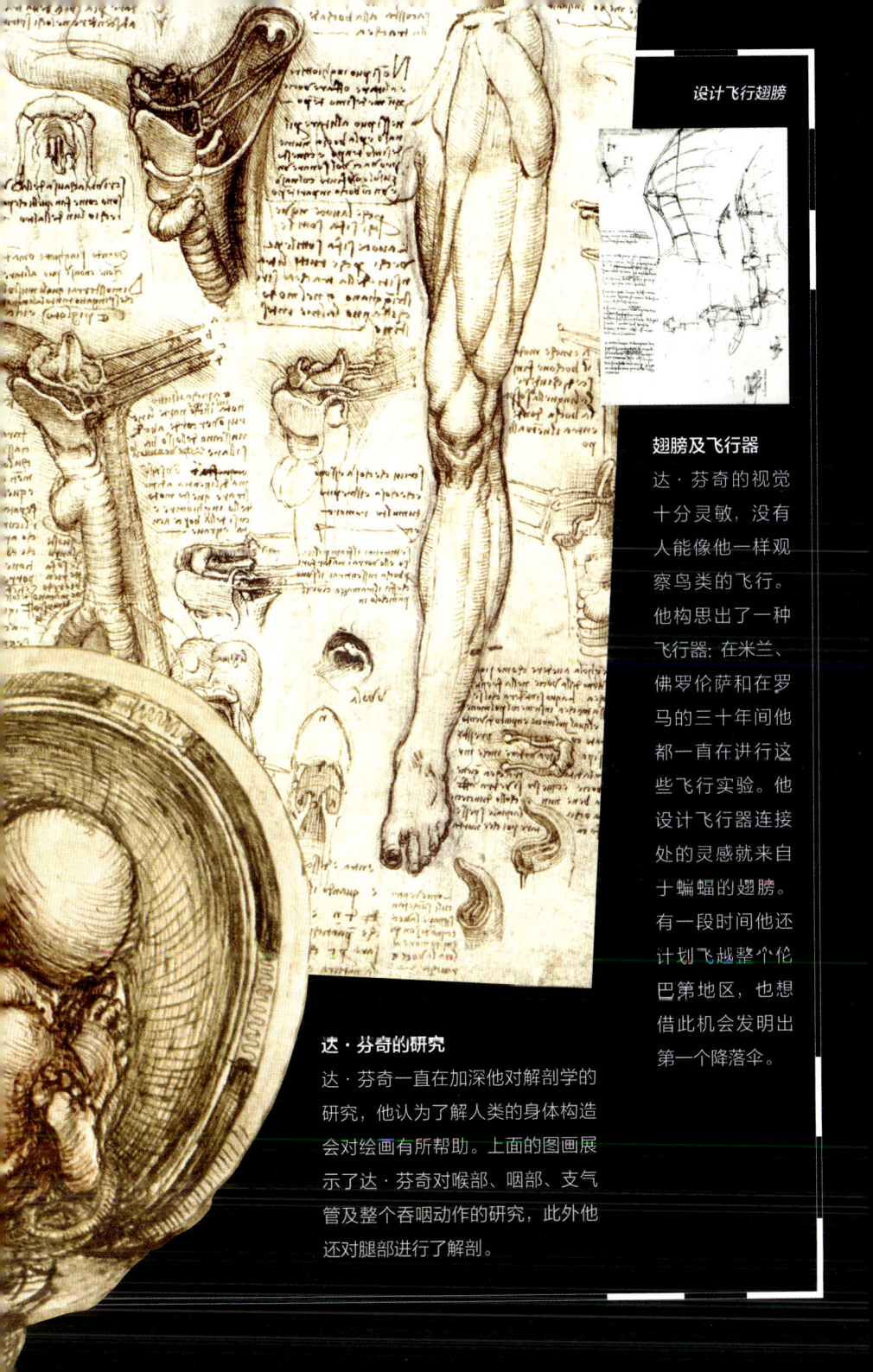

翅膀及飞行器

达·芬奇的视觉十分灵敏,没有人能像他一样观察鸟类的飞行。他构思出了一种飞行器:在米兰、佛罗伦萨和在罗马的三十年间他都一直在进行这些飞行实验。他设计飞行器连接处的灵感就来自于蝙蝠的翅膀。有一段时间他还计划飞越整个伦巴第地区,也想借此机会发明出第一个降落伞。

达·芬奇的研究

达·芬奇一直在加深他对解剖学的研究,他认为了解人类的身体构造会对绘画有所帮助。上面的图画展示了达·芬奇对喉部、咽部、支气管及整个吞咽动作的研究,此外他还对腿部进行了解剖。

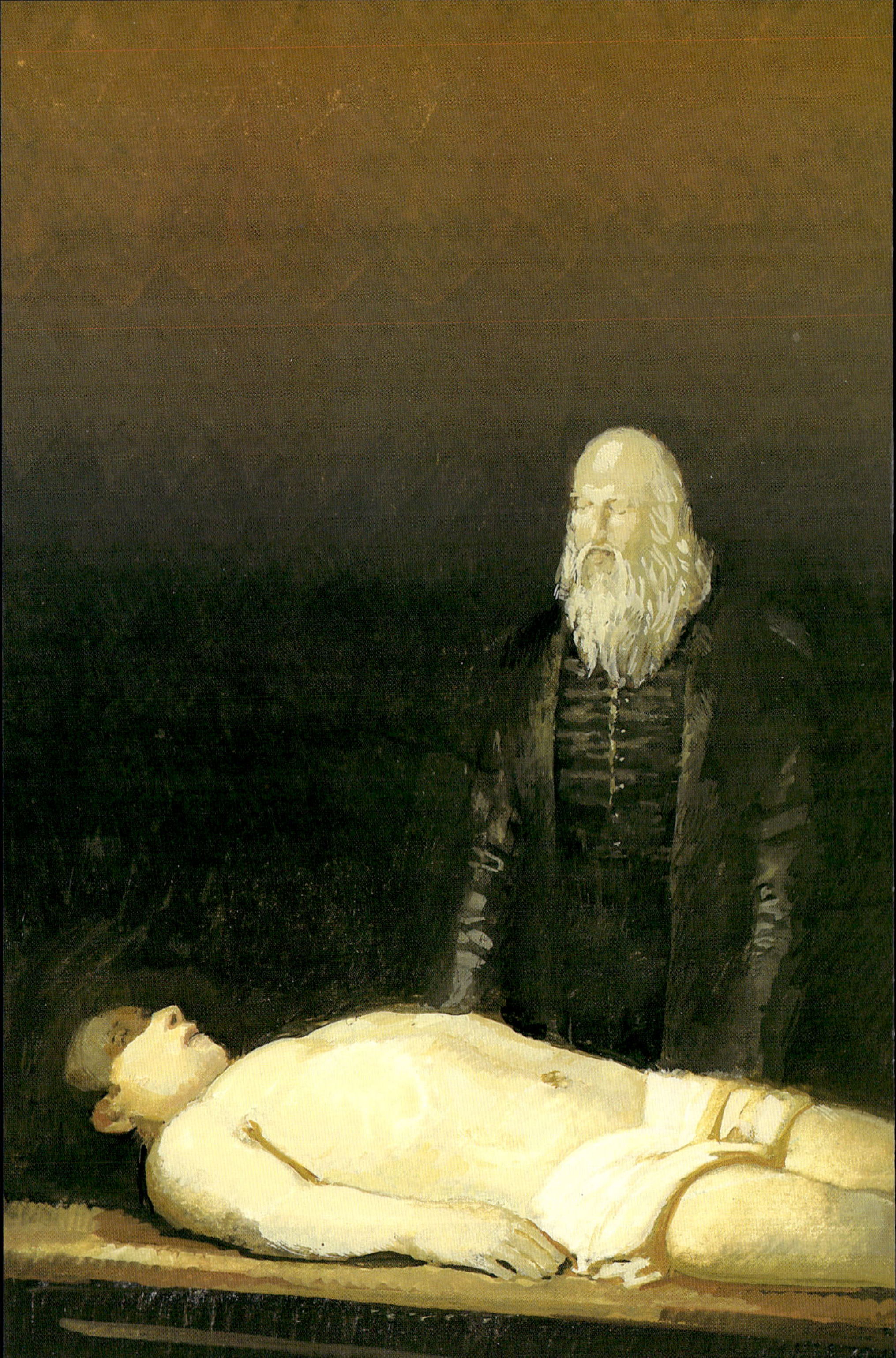

艰苦的命运

1506年,达·芬奇终于回到了他所钟爱的米兰,那时候这座城市被庇护在强大而有威严的法国国王手下。为表敬意,达·芬奇为国王画了一幅圣母像。

达·芬奇又很快成为了米兰宫廷的红人:他负责很多节日的准备工作,尤其是在1507年5月,路易十二世进城时候的大游行,他设计了许多富丽堂皇的装饰及精致的仪器;他还决定人们衣着的品位;对于任何事情他都会发表意见,而且人们也喜欢来问他,无论是关于宗教还是宫廷,甚至是葬礼。人们暗中竞争就为了能得到他亲手画的画!因为这在他们看来是无比珍贵的。

这简直是他的黄金时代。达·芬奇又重新拾起了他的旧爱,水利工程师的工作。在一次修理水渠的时候他遇见了一位既年轻又英俊的小伙子**弗朗西斯科·梅尔齐**,他十分热爱艺术并且想跟着达·芬奇学习绘画。达·芬奇不在伦巴第的时候,他一心钻研解剖学,而且研究得越来越

弗朗西斯科·梅尔齐(Francesco Melzi, 1493-1570):意大利画家。

深入，想学习的东西也越来越多。他认真地解剖肾脏、肝脏、心脏、大脑、肺，疯狂地想解开生命的谜团。更疯狂的是他甚至做了一个关于探索人类灵魂的梦境。但是他却很清楚：生命的本质越是复杂与深不可测，他越是想要把它弄明白，可他又不能解开所有的谜团。

可是这样他却感到很幸福。到处走走看看，什么都学习一些。他渊博的知识像星星般闪耀。他甚至还有时间继续完成了《**乔康达夫人**》和《**圣母子与圣安妮**》。

《乔康达夫人》：见123页图。

可没想到达·芬奇悲惨的命运又重新开始了。那时候整个意大利都联合起来反对法国。最糟糕的事情就是法国军队必须放弃米兰回到自己的国家。尽管法国卢瓦尔河岸边十分适合居住，可是达·芬奇还是想待在意大利。他很聪明地到瓦普里奥乡下的梅尔兹家里去休养了，也是怕自己因为曾经为法国人服务过而被杀掉。

他在乡下一直待到了1513年9月才回到罗马。实际上，达·芬奇的生活一直是起起伏伏，好日子总是那样的短暂，可他的低谷时期也没持续多久。有一段时间，新教皇利奥十世刚刚选举上任，他是已故的洛伦佐·德·美第奇的第二个儿子。对达·芬奇来说，也算是老相识了。正是他的哥哥朱利安在被任命为教堂执政官后请求达·芬奇来罗马的。他不算是一个聪慧的人，还很自负，所以他还是希望身边能多一点有想法的人。另外他好像也有计划想清理罗马城东南部的**脑桥沼泽**。于是达·芬奇就这样带着一个军事工程师的名头回到了罗马！

他居住在**罗马王宫**里，十分舒适。在他搬到这里不久后，在走廊的转弯处就碰到了一个旧相识。

脑桥沼泽：罗马东南部的一片沼泽。

罗马王宫：此处指王宫内供观赏风景的一处阁楼。

"啊！我的老朋友阿塔兰特·米格里奥罗蒂！你在这里做什么？"

"哎呀！达·芬奇！我听说你现在成为了贵族，没想到能在这里遇见你！我在这里的原因嘛，你知道的，靠音乐是养活不了一个人的！所以，我用了点手腕，拍拍马屁，最后就成了罗马教皇负责生产的主管了。别问我这是什么，因为我自己都不太清楚！实际上我大部分的时间就是在教堂里面欣赏这世界上最为美妙的音乐！罗马的女人可真多啊……"

"要是去听音乐的话，我很乐意与你一起！我可有的是时间！说实话，我失业了，就不瞒着你了。我们一

起去米兰的时候,你还记得吗,那是什么时候来着?"

"有三十年了吧?那个冬天!哎,我差点被冻死!"

"是啊!从那以后,我就一直在意大利各个地方到处乱窜,高兴的是日子过得也还算太平。现在教皇叫我来是为了清理一下脑桥沼泽而已。"

"那你的日子不错啊!来说点严肃的事情吧。你要和我去**特拉斯提佛列**吗?我要去听雅各布·奥布雷赫特的经文歌朗诵。来我家吃晚饭吧,我给你介绍佛朗索瓦·德·莱斯特,我漂亮的情妇,她是一个法国女人,对你也很仰慕呢。要不然

特拉斯提佛列:罗马的一个区。

你为她作一幅画像？"

"走吧，沼泽的事情可以拖一拖！那个法国女人到底什么样子？"

"金黄色的头发，身体很柔软……真是梦中情人啊！可是却不专一，哎。"

清理沼泽的工程一开始，达·芬奇就病倒了。更倒霉的是，朱利安·德·美第奇也卧床不起，可教皇还催促着要赶快完成工程。达·芬奇身体一恢复，就只能用尽全力地装疯卖傻和他身边的人消遣作乐了。就好像一只蜥蜴变身成了龙一样，画上翅膀、犄角和胡子！他又重新画画了，这次画的是一幅新画《施洗者约翰》。他也对与阿塔兰特之间的谈话还有一同参加的音乐会很感兴趣，有计划对人的声音写一篇论文。

很快他就自己一个人了。实际上他自己也觉得无聊，因为没人认得他，其实就是被边缘化了，只能在军队里做些杂事。尽管有着名誉还有别人对他的照顾，可他还是觉得身处人群之外。当时很多艺术家都在忙于作品，可是他却没什么事情可以做：拉斐尔正忙于画**《雅典学院》**；米开朗琪罗刚刚完成**西斯廷教堂**的设计，而且这位新教皇还想委托他修建佛罗伦萨的几处建筑；**伯拉孟特**也是一位老朋友了，他在忙于修建**圣伯多禄大殿**。

《施洗者约翰》：见110页图。
《雅典学院》：见111页图。
西斯廷教堂：见111页。
伯拉孟特（Donato Bramante, 1444-1514）：意大利建筑家及画家。
圣伯多禄大殿：罗马的一座大教堂。

其实他每个月有三十三达克特也够生活得很舒适了，可每每想到拉斐尔画一幅作品就能拿到上万达克特，他还是感到不平衡。可他的画法被很多年轻艺术家所效仿，自然而然原作品也就不受欢迎了，就连莱斯特小姐最开始喜欢他到疯狂，最终也移情别恋了。

"女人真是善变无常，"他自己常常说，"等我能再继续出作品的时候,荣誉算什么。我的生活又不会因为一个任性的女人和一个迟钝的教皇而终止,还有好多事情可以做呢!如果罗马待不下去了,就去别的地方。我还没完呢!"

他真的就去了别的地方。他常常去佛罗伦萨,朱利安·德·美第奇经常会在那里搞一些城市化的工程或建筑。而朱利安此时患了肺结核,在1516年3月去世了,于是随着他的过世,达·芬奇的事业也就落到了罗马人手里。可是利奥十世并没有很欣赏达·芬奇。他曾经委托达·芬奇一幅画,可有些嘴不紧的人告诉他说,达·芬奇却在做另一件事情。"这个人就是什么也做不成,还没开始就已经想着结束的事情了!"利奥十世在公众前就这样羞辱他。

再一次,达·芬奇又得到了一个意料之外的机会,这使他脱离了当前的困境。当时杰出的法国国王弗朗索瓦一世召唤他到皇宫去。达·芬奇接受了他的邀请,离开了原来一直不愿意离开的意大利。

如果说第一次艺术的文艺复兴兴起于佛罗伦萨,那么罗马才是盛产伟大作品的地方。随着壁画的订单逐渐增多,建筑活动也随即昌盛起来。

《施洗者圣约翰》
圣约翰被福音传教士们认为是最后一个先知。在《岩间圣母》(见55页图)中,他被画成一个孩子。在《圣经·新约》中,是他宣布救世主的到来并且是他在约旦河边为耶稣洗礼。传统的圣约翰形象往往是个憔悴的隐居者,瘦骨嶙峋的样子,身穿骆驼毛长衣。可达·芬奇却将他画成一个美男子,这样的做法更加可以表达基督教的神秘之处。

《雅典学院》,
1509-1510,拉斐尔

《施洗者圣约翰》,
1510年后,达·芬奇

"达·芬奇觉得自己跟其他人都格格不入。"

凯撒·波吉亚

他是教皇亚历山大六世的儿子,他与法国人联盟在意大利中部建立起了强大的王国。凯撒喜爱冒险,是十分出色的外交家,他很快就意识到可以通过利用达·芬奇获取很多的利益。

罗马西斯廷礼拜堂

十六世纪最负盛名的装饰就是米开朗琪罗在梵蒂冈西斯廷礼拜堂穹顶上所绘制的壁画了。米开朗琪罗是当时拉斐尔唯一的竞争对手,他用了礼拜堂穹顶的600平方米画了《创世纪》和《圣经·旧约》中的一些故事。

拉斐尔

1483年生于意大利的乌尔比诺,1520年死于罗马。他曾经是佩鲁吉诺的学生。1504至1508年间,拉斐尔居住在佛罗伦萨,那时达·芬奇的很多艺术作品对他产生了很大的影响。在罗马的时候,拉斐尔为梵蒂冈教堂制作了一系列大型壁画,就是著名的《拉斐尔房间》。在《雅典学院》这幅画中,他将柏拉图(站在中间,手指抬起来的那位)画成了达·芬奇的样子。

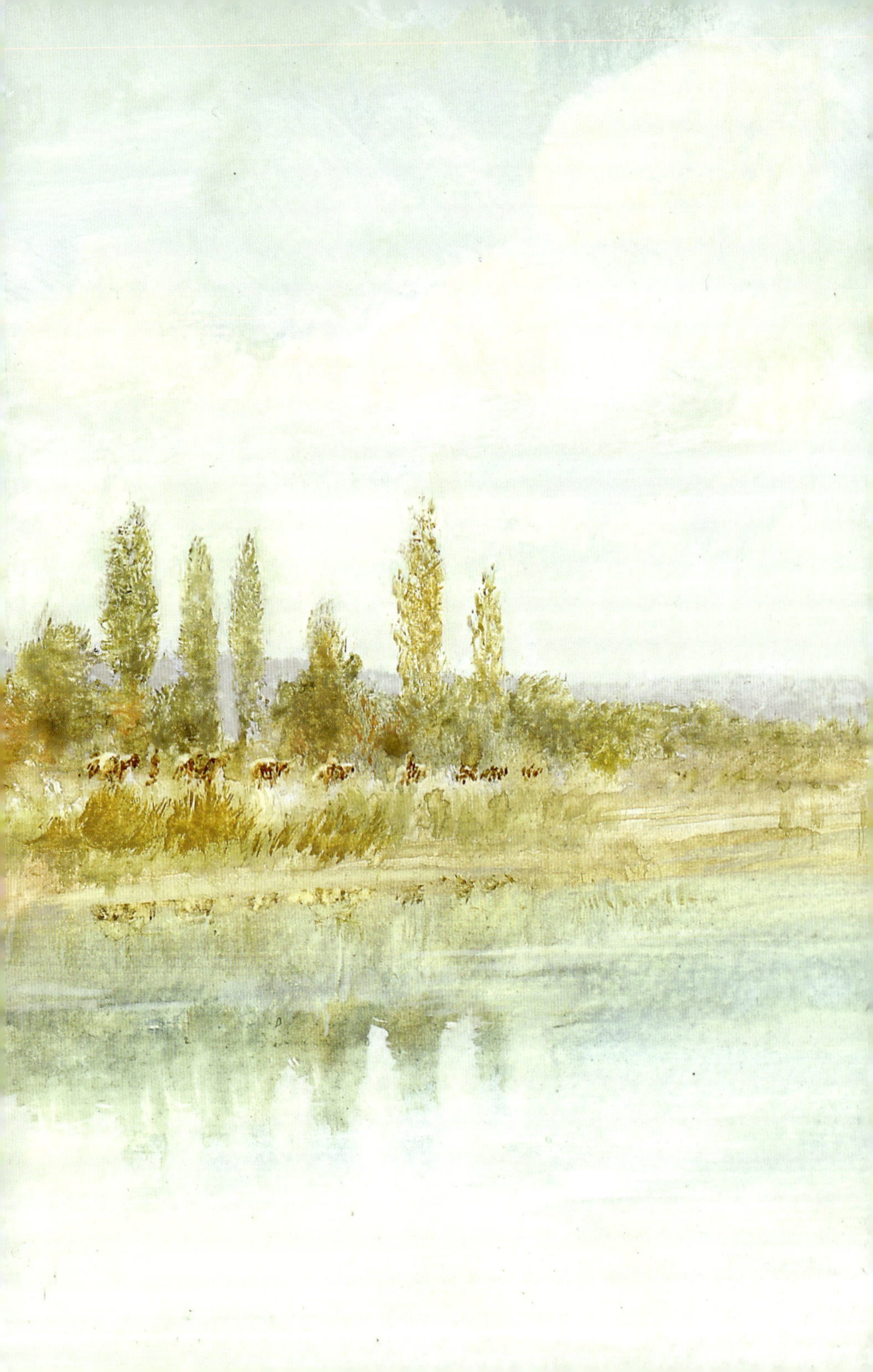

为时已晚

年轻而又热情的弗朗索瓦一世是文艺复兴时期极具代表性的一位国王。他对于文学和艺术十分感兴趣,十分喜爱意大利及其艺术,而且十分欣赏达·芬奇。1515年他们在博洛尼亚又一次相遇。当然了,达·芬奇也不是第一位受邀到法国的意大利艺术家,普列马提乔、罗素、尼可洛·德尔·阿巴特、安德烈亚·德尔·萨尔托等,都曾受到过邀请。但是他却是最负盛名的一个。也正是由于他的名气,弗朗索瓦一世才邀请了他。国王已经表现出了他的高度宽容,他知道,还得顺着艺术家们的兴致来才能有好的作品。

1516年初,年迈的达·芬奇开始北上法国,虽然路途遥远而漫长,他还是带上了他的一切所需:画、记事本、书籍等等,带这些东西需要好几头驴。他还带了一个随从巴蒂斯塔,一个跟了他最久的助手萨莱茵还有弗朗西斯科·梅尔齐。

1517年5月,他们终于到了卢瓦尔河畔,被安置在离安布瓦兹城堡不远的克洛城堡里。那里十分舒适且风景极好,还有一个地道把两座城堡连接起来。达·芬奇想拿一份皇家薪酬:每年700块黄金;还要一个十分浮夸的名头:国王亲授首席画家、工程师、建筑师、国家总设计师。可是国王又想从他身上得到什么呢?什么也不要,或者说几乎什么都不要。达·芬奇拿着薪酬做自己想做的事,活得不能再快活了!

尽管皇宫里有很多的意大利人,有艺术家、捕鸟人、景观设计师,可达·芬奇一点也不想交朋友,虽然其他人都很欣赏并乐意模仿他的穿衣风格。他自己常常说要"做唯一的自己"。弗朗索瓦一世也对他没什么要求,他很喜欢与达·芬奇交谈,因为他懂得多,所以两个人之间谈论的话题也比较深刻。每当他不被政治、战争还有感情等事缠身的时候,他就会来找达·芬奇聊天,因为这是他最喜爱的画家。

"明晚我会在城堡里举行一场盛宴,你作为贵宾出席怎么样?"

"尊敬的陛下,请原谅,今天我略感疲惫。我想自己写一些脑子里冒出来的新想法。过几天我会交给您我设计的礼服，是为您去阿尔让唐舞会的时候穿的。当然我也会去参加，要是我能活到那时候的话！"

"来吧，弗朗西斯科和我说你已经感冒痊愈了。"

"我自己很注意身体，但我不会请医生来看，他们比疾病还可怕！我主要是保持有一个健康的心态。托您的福，我做到了。"

"明天晚上你不去的话，打算做些什么？"

"我要研究一下之前我们谈过的运河工程，就是把卢瓦尔河与歇尔河连接起来的这条。这条运河会使沿岸地区的土地变得肥沃起来，这样就可以更好地种出庄稼养活周围的臣民，同时也可以当作运送货物的通道。弗朗西斯科，你把我之前放在房间里的图纸拿过来。"

忠诚的梅尔齐拿来了厚厚的一叠画满笔记和图画的草纸。

"这是什么？"国王指着一个小**塔楼**问道，这小塔楼就在运河上面，建在风车和桥的中间。

塔楼： 小型的塔状建筑。

"哦，这个啊，就是简单的一座塔楼，和别的东西都没有联系的。陛下，我昨天走在山间的时候，发现山脉的线条十分优美，就画了下来。尽管我的右手正在慢慢地瘫痪，可我还是这样一直画，我不会停止作画的，

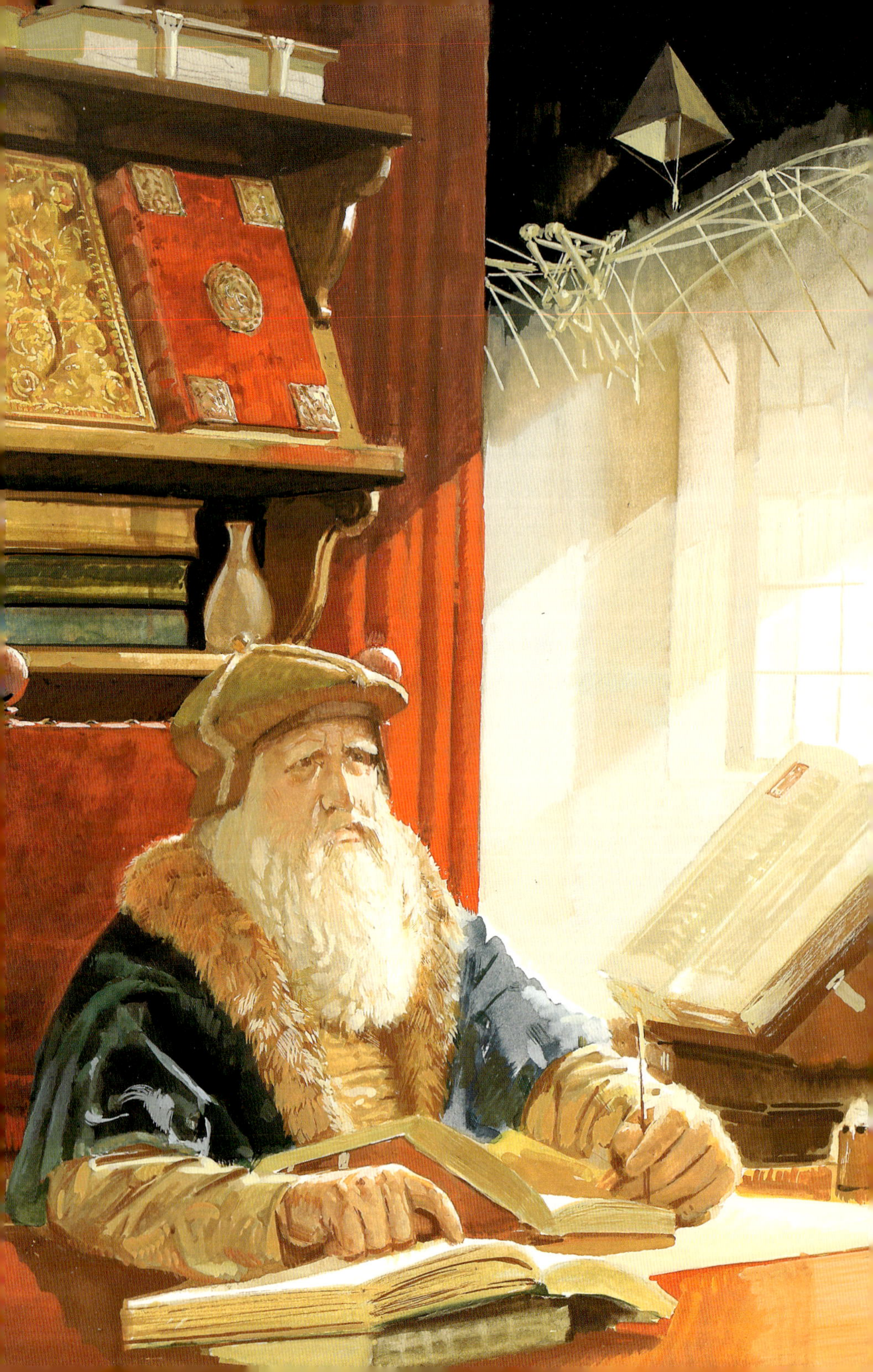

我还剩一只手呢!别提我这些小事儿了,看看这个地区的地图吧。要是我们建成了这条运河,就能够建立一座跨越河流的城市了,加上水车,我们就可以向广场喷泉里灌水。"

达·芬奇还没等国王看明白就开始介绍别的东西了。国王惊讶地看着他,他就一直在翻那些图纸,指着他设计的水车模型,这边是广场的设计图,那边又是一个打猎场……好像他毕生所有的精力都回来了一样。

"至于您说想建的新城,罗莫朗坦朗特奈,我们也可以用分块的方式把城市建设起来,然后用木架将每座房屋连接起来就行了。陛下您看,我们可是有十年的计划呢!"

国王有点半信半疑,他不相信这位老人还能再活十年之久。

"那《乔康达夫人》的画像怎么办?还有《圣安娜》呢?都画完了吗?"国王转移了话题。

"这些画我都可以给您看,陛下,甚至是献给您。因为这些画我是不会给那些委托我作画的人的,可他们却养成了这样的习惯,以为我会把画给他们!至于有没有完成嘛,一幅画怎样才算画完?我们永远也不可能解

开人类面孔之谜。像我一样在光线里观察人们的面孔，就好像是进入到一个未知世界一样。这样看来，将画完成这件事，就显得微不足道了吧。"

日子一天天安静地过去。萨莱茵回到了米兰，弗朗西斯科还在帮助达·芬奇整理他那些厚重的画纸和草稿。

"师傅，这些画有什么用呢？"

"啊！我信任你，亲爱的弗朗西斯科，你要用毕生来保护它们。要是这些画都不丢的话，会有人能从中得到些启示的。你也跟我说过，我也知道，有些画在我们现在的年代是根本画不出来的。我也知道自己缺乏足够

的知识来将这些画完成得更加完美。可是我希望未来有一天有人能敬仰我，因为他们会将我的想法实现。从现在起，你就尽量将这些画发表出去，那些我不让你发表的就不要发了。有一些东西我是不想公之于众的，因为那关系到人类的恶。这些乱七八糟的东西我会整理好，可是我剩下的时间不多了，可能还没完成就死了。"

1518年到1519年的冬天寒冷难耐，达·芬奇基本都不怎么出门了。他的身体每况愈下，弗朗西斯科也越来越为他担心。

"别叹气了，朋友，"达·芬奇安慰他说，"允实的一天会换来一次幸福的睡眠，充实的一生就连死亡都是幸福的。我唯一遗憾的就是没能将这几个月想出来的东西都记下来！"他笑着说道。

春天到来的时候，达·芬奇写下了他的遗嘱。他将所有的草图都托付给了弗朗西斯科。5月2日，他的身体已经快不行了，弗朗西斯科告诉了国王达·芬奇的身体状况，国王马上来到了克洛城堡。当他进入到房间的时候，达·芬奇正半睡着，可一见到尊贵的宾客来了，就立即起身向国王解释自己的病因。

"我的御医们都跟着过来了，他们会照顾好你的。"国王激动地安抚着达·芬奇。

"谢陛下。可是我比他们更知道我的病因。您看，我一生都在研究人体，我知道自己的哪些器官不好用了。不用再去用药治疗我的肺部了，此刻我更想做的事情是忏悔，因为有好多次我都冒犯了上帝。"

"上帝会以你为傲的，达·芬奇大师。上天有时候不仅会在我们之中创造人类，也会创造神灵。正是以这些神灵为榜样，我们才能更加接近天上最高的神灵。"

"陛下您说得对。可是这些神秘而又严肃的问题恐怕我再也无法解开了……"

达·芬奇抽搐了一下,就永远地闭上了双眼。国王仍然抱着他的头部,然后起身,向身边的人发布命令,要尽早给这位伟大的艺术家准备最隆重的葬礼。

辗转于多个国王的庇护之中,达·芬奇最终在弗朗索瓦一世那里找到了自己的归宿。他晚年所居住的克洛城堡十分温馨,并且与这位热爱艺术的国王结下了深厚的友谊。

自画像?

达·芬奇在六十二岁的时候画了这张人物草图。画面上的人物十分衰老,看上去很沧桑。有人认为这是达·芬奇的自画像,但是至今我们也无法确定。

克洛城堡

城堡建造于1477年。达·芬奇在那里度过了他生命中的最后三年,并最终葬于安布瓦兹的圣佛罗伦萨教堂。

弗朗索瓦一世(1494-1547)

弗朗索瓦一世在1515年至1547年之间是法国国王,整个法国在他的统治下变得更加稳固。他召集意大利艺术家来法国将众多旧建筑全部翻新。比如布卢瓦城堡、香波尔城堡和枫丹白露都被翻新过。

蒙娜丽莎之谜

人们已经解开了关于这幅画的几个谜团。现在大家都知道画中的女人叫做丽莎·乔宫多,意大利语中的意思是"无忧无虑",蒙娜丽莎这个名字也由此得来。弗朗索瓦一世是在达·芬奇死后将此画从他朋友手中买过来的。

"我们永远也不可能解开人类面孔之谜。"

《乔康达夫人》

达·芬奇不仅仅在《乔康达夫人》这幅画中运用了轮廓模糊的绘画手法,在其他绘画中也运用了此技巧。这种烟雾状渐变着色的笔法使得画中人物的轮廓显得更加神秘。

这种绘画技巧被他运用到了极致,堪称完美。柔和的光线营造出了梦境的气氛。画中背景也十分神秘,山岩、河流及死气沉沉的植物,毫无生机可言。而乔康达夫人的微笑至今也是一个很大的谜团。

达·芬奇之谜

达·芬奇被人们认为是一位天才,可是他的生活、思想及作品都是谜团。虽然他的想法卓越,但总有人可以与之匹敌。

达·芬奇与科学

"我们可以发明一种动力,而不是用马来拉动的汽车,建造飞行器也是可行的。将人放在机器中心的位置,利用鸟类飞行的原理建造翅膀,我们还可以发明一种可以在海上及河流中运行的机器,只有机器的底部浮在水面上,这样可以保证安全。"

这不是达·芬奇的想法,而是罗吉尔·培根(1220-1292)的理念。他是英国的神学家及学者,是八世纪最有影响力的几位思想家之一。

不管达·芬奇是否了解培根的这些想法都不重要。他依旧广泛阅读,他的手册中记录了大量他与其他工程师及学者的讨论。

同时,他在解剖学上也很有研究。他善于观察,理解很多自然事物。在机械、光学及建筑方面也是如此。

故事来源

对于任何抱有好奇心的人来说,达·芬奇的手册可是必读之物。本书中许多故事都来自于这些小手册。

右侧:头部与眼睛的比例。达·芬奇

下方:螺旋桨模型,直升机的前身。达·芬奇

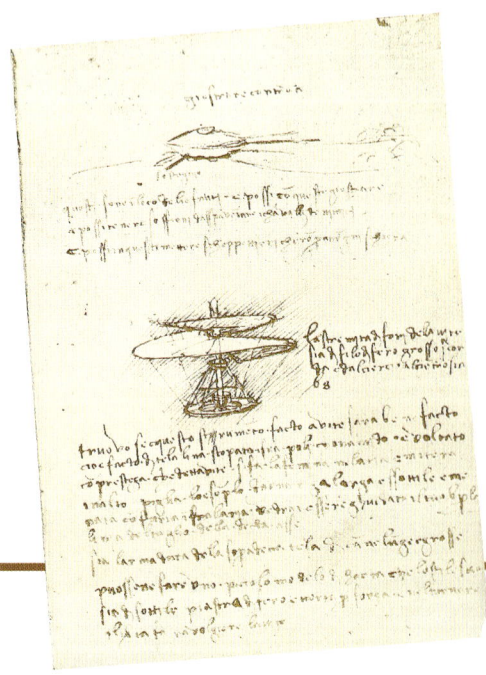

达·芬奇与艺术

达·芬奇的艺术成就在当时是十分辉煌的。其实他在艺术方面树立威望之前，在其他方面就很有建树了，比如绘画、航空、几何学。可是他都认识些什么人？他最敬仰的人是谁？这些有关于他的事情手册上可没有记载。于是我们也就很难发掘他这些科学及艺术上的成就是如何获得的了。

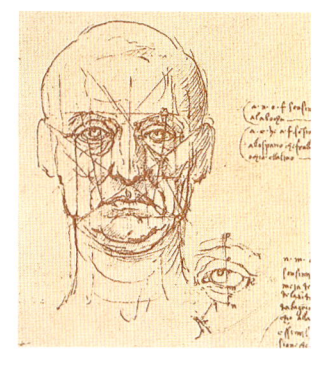

他那些科技实验的失败，不能说是因为命运不顺，而应当归结于他多疑的性格吧。因为每个工作坊里都有自己的实验方式及方法。十四世纪末由琴尼诺·琴尼尼编写的《艺术论集》就是一个可以用来研究那段群英荟萃的年代十分有利的材料。那时候的艺术家们在其他方面也大有艺术成就，他们发明颜料、胶水、涂料。但是一旦有闪失，他们的作品就很有可能无法被保存下来，或者是变色。

了解这些名人的传奇故事会使我们重新认识达·芬奇，用同样的方式，我们也会对莫扎特、贝多芬、梵高有新的认识。

拓展知识

乔尔乔·瓦萨里（Vasari）在十六世纪所著的《意大利艺苑名人传》是一部艺术史著作。该书描写了十四世纪至十六世纪众多艺术巨匠的生平及作品。达·芬奇当然被收录到此书中。如果想多了解一些佛罗伦萨文艺复兴时期的思想的话，《伟大的洛伦佐年代的艺术及人文》（《 Art et humanisme à Florence au temps de Laurent le Magnifique d'André Chastel 》）一书描写了当时最顶尖的思想及文化。而关于达·芬奇的生平，塞尔日·布朗利所编写的一本《达芬奇大传》讲述了他的一生，值得一看。

图片来源

18 左中：韦罗基奥画像，洛伦佐·迪·克雷蒂，佛罗伦萨乌菲兹美术馆。
右下：婚礼首饰盒，埃库昂文艺复兴博物馆。
中：艺术家的工作坊，约翰·斯坦登，巴黎法国国家图书馆。

19 右下：坐着的人裤子上的褶皱，达·芬奇，巴黎卢浮宫。
右中：圣马利亚雪景，1473，达·芬奇，佛罗伦萨乌菲兹美术馆。

30 左中：圣母百花大教堂。
左下：佛罗伦萨，佛罗伦萨韦奇奥宫壁画。
中：《圣母领报》，达·芬奇，佛罗伦萨乌菲兹美术馆。

31 洛伦佐·德·美第奇雕像，安东尼奥·波莱乌罗，藏于布拉格国立美术馆。

42《三博士来朝》，达·芬奇，佛罗伦萨乌菲兹美术馆。

43 上：《三博士来朝》，朗帝尔·真蒂利，佛罗伦萨乌菲兹美术馆。
下：《三博士来朝》草图，达·芬奇，巴黎卢浮宫。

54 左上：卢多维科·斯福尔扎，Pala Sforzesca 画中一部分，米兰布拉雷画廊。
左下：斯福尔扎城堡塔楼，米兰。
中：巨型投石器，达·芬奇所画，藏于米兰盎博罗削图书馆。
下：维特鲁威人身体比例，达·芬奇，威尼斯美术学院画廊。

55 左：《抱银鼠的女子》，达·芬奇，克拉科夫，华沙国立艺术博物馆。
右：《岩间圣母》，达·芬奇，巴黎卢浮宫。

66 中上：《最后的晚餐》，达·芬奇，米兰恩宠圣母大教堂壁画。
下：《最后的晚餐》，安德烈·德·卡斯塔格诺，佛罗伦萨阿波罗尼亚博物馆。

67 右《最后的晚餐》中犹大画像的草图。达·芬奇，温莎皇家图书馆。

78 左：大卫，米开朗琪罗，佛罗伦萨美术学院。
中上：《圣家族与羊》，拉斐尔，马德里普拉多博物馆。
中下：《降生》，桑德罗·波提切利，伦敦国家美术馆。

79《圣母子与圣安妮》，达·芬奇，巴黎卢浮宫。

90 下：高空俯视意大利托斯卡纳（Toscane）大区。达·芬奇，法兰西学院图书馆。
中：拉孔奥雕像，一世纪希腊时期铜质雕像，梵蒂冈博物馆。

91 上：《三盟头之战》，安东尼·卡隆，巴黎卢浮宫。
下：从亚壁古道看罗马。

100 水果和蔬菜，达·芬奇所画，手稿收藏于法兰西学院图书馆。
中：怀有胚胎的子宫，达·芬奇所画，温莎皇家图书馆。

101 左：解剖学研究。达·芬奇，温莎皇家图书馆。
右上：飞行器研究草图。达·芬奇，伦敦自然科学博物馆。

110《施洗者圣约翰》，达·芬奇，巴黎卢浮宫。

111 左上：可能是凯撒·波吉亚的画像。乔瓦尼·多西，巴黎卢浮宫。
上：西斯廷礼拜堂穹顶壁画，米开朗琪罗，梵蒂冈博物馆。
下：《雅典学院》，拉斐尔，梵蒂冈博物馆。

122 左上：克洛城堡正门。
右：弗朗索瓦一世，让·克卢埃，巴黎卢

浮宫。
右上：达·芬奇自画像，达·芬奇，米兰国立图书馆。

123《乔康达夫人》，蒙娜丽莎肖像画，达·芬奇，巴黎卢浮宫。

124 达·芬奇绘画手稿，达·芬奇。

125 人眼与头部比例，达·芬奇，都灵国立图书馆。